外食業・究極の成功セオリー

フードビズ主幹
神山 泉

外食業・究極の成功セオリー

フードビズ主幹
神山 泉

CONTENTS

CONTENTS

CONTENTS

激しい競争を生き抜くために

私は、外食の世界を40年以上取材し、ウォッチしてきましたが、40年前と今との最大の変化は、チェーングループの勢力が拡大したことでしょう。

その分、個店グループが、かなり苦しくなっています。チェーングループにお客さまを奪われているのです。

しかし、今をときめく外食の大チェーンも「はじめの一歩」は、単独店だったわけで、これからも個店グループから新しいチェーンが生まれる可能性は十分にあります。

何も、すべての外食店がチェーンになる必要はありませんが、元気のいい個店グループの存在がなければ、いいチェーンも生まれない、ということです。

どのチェーンも、元気のいい繁盛店が出発点でした。

外食というのはおもしろいもので、1000店のチェーンも1店の繁盛店も、戦う土俵は同じです。

戦う武器もさして変わりません。

いや、むしろ〝繁盛〟ということでは、個店のほうが繁盛店になる可能性が高いといえます。

店主のガッツ、やる気、食材の素材力と調理力、働く人一人ひとりがお客さまを大事にする心のこもったサービス、少数精鋭メンバーの結束力。これらが、三拍子、四拍子揃った個店のパワーは、なかなかチェーン店で出せるものではありません。

また、少数精鋭が実現していれば、チェーンに負けない収益力を身に付けることができます。

しかし、チェーングループの購買力、物流力、宣伝力、長寿力は個店にありません。どちらにも、強さがあり弱さがあるということです。

外食全体の理想の姿は、新しい試みに満ちたワクワクするような個店の繁盛店が次々に生まれ、その中から勢いのあるチェーン化を試みる、やる気十分の経営者が出現し、個店もチェーンも多様で百花繚乱の様相を呈して、活性化しながら、共存共栄していることだと思います。

チェーンというのは、すぐれた個店から栄養分を吸収して強くなっていくものです。個店に元気がないと、チェーングループも元気を失います。

現在の外食状況がまさにそれです。元気のある繁盛店、新機軸を打ち出す個店、まったく新しいニーズを掘り起こす独創店舗、こういう店（＝経営者）が少なくなっていて、外食全体に活力がみなぎっていません。

私は本書では、個店にもチェーングループにも通用する、外食店経営成功の「基本の㋖」を集中的に書いてみました。

とくに個店グループに基本を知らない人があまりにも多すぎる、と感じているので、そこを強調しました。

せっかくいいものを持ちながら、基本セオリーを学んでいなかったために、消えていってしまった店（＝経営者）を、私はたくさん知っています。

その基本セオリーは立地選択、店づくり、メニュー構成、値付け、従業員の使い方、モチベーションの上げ方、最強チームのつくり方、顧客のニーズのとらえ方、と実に広範囲にわたります。

それは、チェーングループにも適用されるものがたくさんあります。なにしろ戦う土俵は同じなのですから。

本書では、しなくてもいい失敗を未然に防ぎ、成功店をつくるための、「繁盛の黄金律」を指し示してみました。

チェーングループにも単独店経営者にも役に立つ「外食経営のエッセンス」が詰まっていると自負しています。ご一読ください。

神山　泉

成功セオリー01

立地の選択ミスはあらゆる営業努力を無にする

ＦＬＲが70％以内に収まれば商売は成り立つ

ＦＬＲという言葉があります。Ｆはフードコスト（食材費）、Ｌはレイバーコスト（人件費）、Ｒがレント（家賃）で、外食業のプライムコスト（３大コスト）と呼ばれます。これが売り上げの70％以内に収まっていれば、商売が成立すると言われます。店舗兼自宅のパパママ経営がなかなかつぶれないのは、ＬとＲがゼロに近いから、その分Ｆ＝食材費にたっぷりお金がかけられるからです。原価率50％でも十分に成立するわけで、これならばお値打ち商品を提供することができます。

繁盛の基本は、高原価率であると覚えておいてください。お客さまにいちばんわか

立地の選択ミスは取り返せない

りやすい価値は、原価なのです。一世を風靡《ふうび》した「俺のイタリアン」や「俺のフレンチ」が集客できたのも、原価が高かったからです。そして、その高原価を打ち出せるのは、立食形式で高回転が保証できたからです。これで高い売り上げを確保して、人件費率と家賃比率を下げているのです。意表をついたやり方ですが、コストバランスはちゃんと取れているのですね。しかし、客席を導入したとたん、高回転という武器が弱まります。

一方、お客さまが少なく、どうやって成立しているのだろうと心配になる喫茶店が、町には1軒2軒あります。でもつぶれない。その理由は喫茶店だからです。原価が低く、人件費と家賃がタダ同然とくれば、つぶれようがありません。1日5000円以下の売り上げでも、生きてはいけます（お金は残りませんけれども）。東京・銀座の高級クラブではどうでしょうか。これは人件費の固まりのような商売ですね。家賃も安くはない。でも、原価率は低いです。いくら高いウイスキー、ブランデー、ワインを仕入れようとも、売値がベラボーに高いわけですから、原価率は極度に低くなります。閑古鳥が鳴いたら悲惨ですが、当たればかなり儲けることができます。まあ、素人が手を出してはいけない商売ではありますが。

狙い目は、便利なエリアのちょっと不便なスポット

R＝家賃は、店を出すときにまずいちばん気になる費用ですね。物件を探すにあたり、なんとか安い出物《でもの》はないかと必死になります。家賃は安いにこしたことはありませんが、結論から先に言うと「安い出物はない」ということです。安いには安いだけの理由がある、ということを肝《きも》に銘じておきましょう。

独立開業でまずつまずくのは、この物件探しにおいてです。「意外に安い」と飛びついた物件が、やはりダメだった、というケースがあまりに多いのです。とくに、調理人の修業をした人に、失敗するケースが多いようです。「オレの腕をもってすれば、多少悪い立地でもお客さまは来てくれる」という自信が、立地・物件軽視を招いてし

成功セオリー01
立地の選択ミスは取り返せない

まうのです。とくに有名な店で修業した人や一流ホテル出身者に、この傾向が強いように思われます。そして、「多少悪い」と思っていた立地が「致命的に悪い」要素を持っていたことを、開業後に思い知らされることになります。

こう考えておくことが、失敗をしないための基本でしょう。つまり、「高家賃でも悪い物件はある。しかし、低家賃でよい物件はない」。家賃はオークションのようなもので、皆が欲しがる物件は家賃が上がり、誰も欲しがらない物件は下がるのです。そして、人気のない物件にはそれだけの理由があります。そのオークションが日々繰り返されて、ある基準に到達したところが「相場」ということになります。

ただし、外食業というのは、目的志向性の強い商売ですから、一般的に人気のない立地も、ウェブなどによる販促ツールである程度カバーすることができます。

一方、高家賃立地がいちばんよい立地とは限りません。コンビニやファストフードチェーンが出店している立地、ＡＴＭが多く存在する立地は、家賃は途方もなく高いですが、たとえばとっておきのデートの時に、よりによってそんな（店前通行量の多い）立地に存在する店に、誰も恋人を連れて行こうとは思わないでしょう。たとえ商品力も個性も十分にある店であっても、「ふざけないでよ」と恋人に一蹴《いっしゅう》されるのがオチです。具体的に言うと、東京の六本木交差店近くの表通りは、家賃は高いですが目的志向性の強い外食業には向きません。タクシーでワンメーター離れた、しかも大通りからはずれたエリアでないと、恋人の心をくすぐる店はつくれませんね。

つまり、便利なエリアのちょっと不便なスポットが、目的客を誘引する外食業にとっては狙い目の立地ということになります。一級の商業エリアの二級立地という言い方もできるでしょう。こういう立地でも、案外家賃は高いものです。そしてこういう立地ほど「キズモノ物件」が多いものです。ゆめゆめ家賃の安さに目がくらんではなりません。繰り返しますが、「安い出物」はありません。立地選択のミスは、どんな営業努力をもってしても取り返しがつきません。

成功セオリー

02

開店時の原価オーバー、人件費オーバーを恐れるな

多めに採って、みっちり鍛えて、絞り込む

これは複数店舗企業の話になりますが、「人件費は売り上げの25％以内に収めろよ」と経営者に言われると、それをそのまま実行しようと躍起になる店長がいます。マジメといえばマジメなのですが、これは二流の店長です。経営者は最終的な利益が気になるから、そういう枠《わく》にはめようとするのですが、一流の店長は「ハイ、ハイ」と返事をしながら、別のことを考えています。新規開店の店などで、この枠にはめられて忠実に実行しようと思うと、ニッチもサッチもいかなくなってしまいます。

スタート当初は、人件費は多めに設定しておかないと店のレベルが上がっていきま

せん。パート・アルバイト（ＰＡ）を戦力化するためには、「多めに採って」、「みっちり鍛えて」、「絞り込む」の三原則を守らなければなりません。いくら厳しい目で採用をしても、ＰＡの能力にはバラつきが出ます。玉石混淆《ぎょくせきこんこう》が当たり前なのです。適性がなく、能力の低いＰＡをまず取り除かなければなりません。無理に鍛えても時間の無駄というものです。適性、能力のあるＰＡは、厳しく鍛えてもついてきます。脱落しないものです。

　こうしてふるいにかけて、少数精鋭の強力な軍団を一歩一歩つくっていくのです。つまり、「ふるいにかける」だけの余剰人員を確保していなければならない、ということです。そのため、開店時は人件費は多めに設定しておかなければなりません。また、時給を低く設定しておけば、その分人件費は下がりますが、よい方法とは言えません。ＰＡは、時給がいくらかということにきわめて敏感で、プライドを持っています。つまり、低い時給の店には、それなりのレベルのＰＡしか集まらない、ということです。むしろ、相場より高めの時給で、レベルの高いＰＡを集めるべきです。その中から、さらにレベルの高いPAを選抜するわけですから、必然的にハイレベルな軍団が形成されます。

フードビジネスはヒューマンビジネスであり、人の力によって顧客の満足を得るビジネスですから、人がすべてです。人の技能、ホスピタリティ能力が収益を高める原資です。スキルを高めて少数精鋭集団をつくる以外に、競争に勝つ術《すべ》はないのです。

開店初期は、原価率が上がって当たり前

これは材料費についても言えます。「原価率は33パーセントだよ」と決められていても、有能な店長は開店当初はこの数字を無視します。別の言い方をすると、廃棄ロスを恐れないということです。開店したばかりの店は、キッチンのスキルも上がっていませんし、たとえ一流の料理人であっても、厨房機器に不慣れなため、つくり損ないが出やすいものです。

無理に適正原価率の枠《わく》にはめようとすると、本来廃棄しなければならない料理を提供してしまうという、最悪の事態を引き起こしてしまいます。後述しますが、一品一品の料理のスタンダードをしっかり決めておかないと、不完全品がそのままお客さまに提供されてしまうことになります。このことは、絶対に避けなければなりません。

ここで大事なことは、一品一品のスタンダードを全員が認識していること、そして、ビジュアルチェックができることです。提供してよい料理か、いけない料理か、これをチェックする人間が必要です。このチェッカーは通常であれば料理長となりますが、店長の場合もあります。

ここでよくトラブルが起こります。店長に料理を突き返されて、料理長がぶんむくれになるという、よくあるトラブルです。料理長の力が絶大な場合、なかなか突き返せるものではありませんが、店長がチェッカーであれば、店長の判断に従わなければなりません。この判断基準が一品一品のスタンダードなのです。スタンダードに達していない料理は、つくり直すか、廃棄するか、どちらかを選ばなければなりません。

成功セオリー 02
開店時のコストアップを恐れるな

アメリカのレストランでは、新店開店に当たって〝ドライ・ラン〟という方法をよく採ります。開店前の練習営業です。開店前の3日間とか、1週間とかを決めて、知人や友人をお客さまにして、調理・サービスの試験営業をするわけです。この期間はお客さまは練習台ですから、料金はタダ。日本でも、近隣の幼稚園児やお年寄りを招待して、「練習」をすることがあります。この費用は、開店費用の中に含まれています。この制度がない場合でも、一流の店長は、開店初期には食材費と人件費を多めに取っておきます。自分の頭の中で、開店費用の額を決めているわけですね。

そして、営業に慣れてきたらこれをジワジワと絞り込んでいくわけです。不慣れな経営者は、この多めの費用にハラハラしてしまいますが、店長はにっこり笑って「ご心配なく」と経営者にささやきます。やがて3ヵ月も経ちますと、メンバーのスキルは上がり、結束力は高まり、商品のスタンダードはきっちり守られ、客数は伸び、原価率と人件費率は所定の枠内にちゃんと収まる、という状況になっているのです。

開店費を惜しんで繁盛店にしよう、などという甘い考えは持ってはいけません。

成功セオリー 03

人時売上高は5000円が目標ライン

正確な売上高（客数）予測を前提に数字を想定する

1人の従業員が、1時間にいくら稼ぐか。これを「人時売上高」と言います。そして、これが外食業の収益力を測るモノサシです。売上高を全労働時間で割れば、はじき出されますね。

この場合、時給の高い低いは関係ありません。店長の給与を時給換算すればかなり高いでしょうし、今日入ったパート・アルバイト（PA）の時給はもちろん、低いでしょう。しかし、店長も、正社員も、PAも関係なく、全従業員の総労働時間で計算します。あなたの店の数字をチェックしてみてください。これが5000円を超

成功セオリー03
人時売上高は5000円を目標に

えていたら優良店です。6000円を超えていたら超高収益店です。3000円以下ですと、あまり儲かっていない店です。ちなみに、これに粗利益率を掛けると、「人時生産性」になります。たとえば、人時売上高が5000円で粗利益率が70％だとすると、人時生産性は3500円ということになります。

人時売上高は店長を評価するための基準になります。粗利益率は会社が決めることですから、人時生産性よりも人時売上高を店長の評価基準にしてよいのです。では、その人時売上高が5000円の店長よりも、6000円の店長のほうが偉い？　実はそうとばかりは言えません。人件費を削れば、数字は上がりますが、当然店のレベルは落ちます。調理人を減らせば料理の質が落ち、提供時間も遅れます。フロア人員を減らせば、サービスの質が落ちます。当然、評判はガタ落ち、お客さまの数は減少していきます。

ですから、評価は想定の数字にどれだけ近接しているか、その差異の小ささで出されなければなりません。そのためには、売上高（と客数）の正確な予測数字が存在していることが前提です。そして、その予測に基づいてワークスケジュールが立てられていなければなりません。また、食材の準備、下ごしらえの時間も必要です。店長の仕事は準備業です。その前提になるものは、正確な売り上げ(客数)予測です。しかもこの予測は、1時間単位でつくられていなければなりません。店長は「ワーカー」ではありません。「マネジャー」と言われるくらいですから、マネジメントができなければいけません。マネジメントとは、人を使って人を鍛え、精鋭軍団をつくり、店をもっとも機能的に作動させることにほかなりません。

利益を出しやすい店舗の標準店があぶりだされる

経営者は、単純に高い人時売上高を実現した店長を評価してしまいがちですが、これはいちばん危険なことです。先に言ったように、少ない(少なすぎる)人員で店を回して高い売り上げを獲得している場合もあるわけですから、その場合、そのシワ寄せは、劣化したサービスという形でお客さまに押し付けられているのです。適正な労働時間を確保している店長をこそ、いちばん評価しなければなりません。

ただし、ジワジワと人時売上高を上げている店長は、きちっとマネジメントができている証拠です。最初は多めの労働時間を投入する。そこから正社員、PAを訓練していき、トータルの戦力を高めます。労働時間は絞り込まれていき、なおかつ商品力・サービス力は上がり、客数も上昇トレンドを維持します。まさに理想形ですね。少数精鋭の部隊づくりということになりますが、このプロセスで人時売上高が上がるのは、店長のマネジメント力の勝利なのですから、これはいくら高く評価してもし過ぎることはありません。

ダメな店長の店は、初めはいい数字を出しても、客数が下落しますから、結果的に人時売上高も落ちていきます。客数を伸ばす力があれば、人時売上高は自然に上がっていくということですね。

もうひとつ。同業種同業態で、同じ規模の店を複数持っている場合、人時売上高を用いて収益性の高い店舗の標準をあぶりだすことができます。何坪で何席の店で、どういうレイアウトの店が、いちばん利益を出しやすいか。カウンター席はあったほうがいいのか。キッチンスペースと厨房機器の配置は？　もっとも効率的なサービス動線は？　自店の理想形がわかってきます。これが標準店づくりです。収益が確実に出る店をつくるためにも、人時売上高による店舗比較が必須になるということです。

それから、優秀店長の経験は、会社全体で共有化しなければもったいないですね。店長会議で改善のプロセスを発表してもらうのです。その店長自身も、発表という機会を通じて、無意識で行っていた改善を意識化することができます。これが会社の共有財産になるのです。

成功セオリー 04

メニューが増えると客数が落ちる

放っておくと必ずメニューは増える

飲食店経営者の傍《かたわ》らには、いつも一匹の悪魔がいます。この悪魔は、いつも経営者にこう甘くささやきます。「もっとメニューを増やしましょう。必ずお客が増えますよ」と。

最初のうちは首を横に振って拒《こば》んでいた、たとえばハンバーグ専門店の経営者も、次第に甘いささやきに抗しきれなくなります。やがて「そうか、じゃあうちもスパゲティを入れてみようか」「とんかつも入れてみようか」「よし、カレーも入れよう」といった具合に、メニューを徐々に増やしていってしまいます。

気が付くとハンバーグ専門店だった店が、「洋食なら何でもあります！」という、フルメニューの店になっているのです。何もハンバーグの店に限ったことではありません。どんな業種でも、放っておくとメニューはどんどん増えていってしまいます。

それでも悪魔がささやいた通り、お客さまの数が増えればよいのですが、売れるメニューが拡散しただけで、たいてい客数は増えません。いや、むしろ専門店としての評判が落ちて、客数は減ってしまうものです。メニューの数と客数は比例しません。メニューが増えても、お客さまの数は増えません。

メニューを増やしても、よいことのほうが圧倒的に少ないと思います。食材数は増え調理の手間は煩雑になり、人手が多くかかり、提供時間は遅れます。また、場合によってはより広い厨房を必要として、客席を減らさなければならないかもしれません。

何よりもいけないのは、商品の磨き込みができなくなることです。「ウチの売りはコレ！」という、特化した商品がつくれなくなるのです。

断然旨いものが一品ある店と、何を注文してもまあまあという店、どちらが生き残りますか？　前者に決まっていますよね。〝この一品〟に命を懸《か》け、素材の質を上げ、組み合わせや配合等を変え、調理方法を変え、絶えず改善して磨き込みを続ける店だけが生き残れるということを、肝に銘じておきましょう。

〝この一品〟がいちばん強いのです！

何度でも言いますが、放っておくとお店のメニューは増えます。その防止策は、メニューの数と価格帯を決めておくことに尽きます。メニューには、「ベーシック」、「サブベーシック」、「新・珍・奇」の3つのジャンルがあります。そして、それぞれの領域でメニューの数を固定しておくことです。新しい品目を入れたら、ひとつ減らすこと。そうすればメニュー総数が増えることはありません。

メニューを増やせば増やすほど、店の力は弱くなります。メニューを増やすことよりも、どこにも負けない絶対の自信作を持つことです。繁盛店がなぜ強いかわかりますか。自信作の一品を磨き込んで、絶えずその質を上げているからです。磨き込みとは「商品の再設計」です。食材から調理工程のすべてを、洗い直しすることです。そして、味は変えずに、質を上げる。その時にお客さまは「いつも変わらなくていいね」と言ってくれるのです。

常に前進し続けましょう。何も変えずに一ヵ所に留まっていると、お客さまは必ず「味が落ちた（味が変わった）」と言うはずです。

成功セオリー

05

価格幅は狭く、価格ラインは少なく

原価積み上げで値決めをしない

素人がやっている店か、経営のプロの店か、メニューを開けばひと目でわかります。

素人がやっている店は、次のような店です。

①メニュー領域が広い
②価格幅が広い
③価格ライン（価格の数）がやたら多い

プロの店は、この真逆です。メニュー領域が限定されていて、価格の幅が圧縮されていて、価格ラインが少ない。この点が共通しています。

20年くらい前になりましょうか、アメリカのロスアンゼンルスにあったあるパスタチェーンに行ったら、メニューはパスタのみで、価格もひとつでした。さすがに、私もたまげました。パスタは付け合わせやソースの違いで、20ほどの種類があります。当然、原価は一品一品違うはずなのに、価格はひとつ。私もびっくりしましたが、これがプロの仕事というものです。メッセージがはっきりしていて、お客さまにとって非常にわかりやすい、使いやすい店になっています。この「動機の明確化」こそが、食べ物商売でいちばん大切なことです。

素人の店は、メニューがやたら多く、価格もバラバラに広がる傾向にあります。どのようなシチュエーションで利用する店なのかまったくわからず、首をかしげてしまう店が多いのです。とくに低単価から高単価までいろいろなメニューがあって、そのひとつひとつが別の価格になっている店は大いに問題アリです。メニューの価格を原価積み上げ方式で決めると、ひとつひとつのメニューの価格が違う、ということになります。

繁盛店は、「価格ボックス」がすっきりしている

メニュー一品一品の原価は違って当然なのですが、これらを限られた価格ラインに落とし込んでいくのが、プロの仕事です。そして、メニュー全体として、狙い通りの原価率に落とし込んでいくのです。

メニューの数を絞り込むことの重要さを前に述べましたが、価格ラインと、それによって構成される価格ゾーンを絞り込むことも、とても大事です。これによって、価格ボックス（メニュー数、価格ライン、価格帯）そのものをすっきりさせるのです。この明快な価格のフレームワークこそが、「うちはこういう店です」「こういう時に使ってもらいたい」という店主のメッセージになるわけです。そして、ランチはランチ、ディナーはディナーで、時間帯別に「動機の明確化」が実現されていなければなりません。

繁盛店は明快な価格ボックスを持っています。繁盛していない店は、商品の中身と価格ばかりをいじくり回して、どんどんメッセージがぼやけ、何屋なのかわからなく

なっています。そんな出口ナシの状態から脱出するためには、まず価格ボックスのお掃除をすすめます。「断捨離《だんしゃり》」ですね。これを敢行してメニュー表という〝お部屋〟をすっきりさせてください。

成功セオリー 06

瞬発力を身に付けて、"売れる時間"にもっと売る！

ゴールデンタイムを全力でフル稼働させる

「ランチは13時30分を過ぎると、客足がピタリと途絶えます」「夜、21時以降はさっぱりですわ」。こういう店主の嘆きの声をよく聞きます。13時30分以降、そして21時過ぎに、「ここでもうひと山あったら、売り上げがグンと上がるのに」と思うわけです。実にもっともな希望ですが、そのために打つ手は、おおかた失敗に帰します。ダメな時間はやっぱりダメなものなのですね。あまり無理な作戦を立てると、店のフォーマット自体が狂ってしまいます。

結論を先に言っておきましょう。客数を増やし、売り上げを伸ばすベストの方法は、

〝売れている時間をもっと売れる時間にする〟ことです。これ以外に方法はありません。

「何を言っているんだ。その時間はいつも満席で、限界いっぱい売っているんだよ。今以上に売れるわけがないじゃないか」と、お叱りを受けそうですが、それはあなた（店主）が限界と思っているだけのことです。ピークタイムは、チャンスロスタイムでもあるのです。ウェイティングしているお客さまへのフォローがなく、店を立ち去ってしまうことはありませんか。50席あるのに、満席時の実際の客数が25人ということになっていませんか。オーダーテイクや商品提供に時間がかかり、お客さまの滞在時間が不当に長くなってはいませんか。

つまり、客席構成の悪さ、キッチンスタッフの調理能力の低さ、調理場のレイアウトの悪さ、キッチンとフロアの連携の悪さ、サービス力の低さなど、店づくりとオペレーションのレベルの低さが原因で、取れるはずの客数を逃しているのです。

アイドルタイムにお客さまを呼び込む努力も確かに必要ですが、ゴールデンタイムをフル稼働させることに全力を注ぐべきです。キッチンの機動力は万全か、調理力は十分備わっているか、客席配置は現状でよいか、サービス力は鍛えられているか。ハードとソフトの総点検をしなくてはなりません。

仕込みは大事。でも仕込みのし過ぎは禁物

力が付いてきて、店のレベルが総体的に上がると、ピークタイムの客数がジワリと上がっていきます。そうなると、しめたものです。そして不思議なことに、ランチもディナーも、ピークタイムが前後に伸び始めます。今までアイドルだった時間が、稼働時間に変わっていくのです。自然とお客さまがピーク時間をはずして、その前半と後半に来店するようになるのですね。

ここで注意しておかなければならないのは、仕込みをし過ぎないことです。提供時間を早めるために、下準備をやり過ぎると、せっかくの商品の質が低下してしまいます。たとえば刺身を開店前に全部カットしてしまったり、付け合せのサラダを多くつ

くり置きしてしまったり、とんかつやフライのパン粉づけや野菜のカットを開店前にすっかりすましておいたり、商品劣化を招くような下準備は、絶対に禁物です。

仕込みは大事です。が、仕込み時間にやってはいけない作業をあらかじめ明確にしておくことは、絶対に必要です。いくら稼働率を上げる準備をしたとしても、店の人気を下げるようなことをしたら、元も子もありません。仕込みは、個々の食材について、いつ、何を、何個仕込むのか、その手順を決めておかなければなりません。

そのためには、時間帯別にどんなメニューが何個売れるのか、の正確な予測数字を持っていなければなりません。

〝強い時間をさらに強くすること〟。これが店の力を高めることなのです。店は、ピークタイムの稼働力を高め、より多くの客数をこなせるようになることで鍛えられます。このことをどうか肝《きも》に銘じておいてください。

あ、それから言い忘れました。特別なピークもなく、全営業時間中に「牛のよだれ」のように、途切れることなくダラダラとお客さまが来店する店も、実は侮《あなど》れません。

成功セオリー 06
“売れる時間”はもっと売れる

喫茶店やファミリーレストラン、町のそば店などではこういった店がありますが、これはこれでその業種的強みをしっかりと生かして、「牛のよだれ」に合った営業力を持たなければなりません。

成功セオリー 07

客単価は、経営者の意志であり、店の戦略である

時間帯別客単価に無頓着な経営者に成功はありえない

大手チェーンのトップから、1店舗経営の個人店の主まで、私は40数年にわたって5000人以上の飲食店経営者の話を聞いてきました。

その時、取材の中で必ず出てくる言葉に、「客単価」があります。そして、ひとつの共通点があることに気付かされます。成功する経営者は、この客単価という言葉に敏感であり、ダメな経営者は無頓着であるということです。「客単価ねぇ。1万円使ってくれるお客さまもいれば、2000円のお客さまもいるねぇ」なんて答える経営者の店が、その後うまくいったという試しはありません。

成功セオリー07
客単価は、経営者の意志であり、店の戦略である

客単価とは、もちろん売り上げを客数で割ったものですが、「結果」であってはいけません。ひとりのお客さまからいくらいただくかは、経営者の明確な意志であり、店（やチェーン）の戦略でなければならないのです。そして当然、時間帯別という但《ただ》し書きが付かなければなりません。朝食は600円、ランチは1000円、夕食は3000円というふうに。

この目標客単価は当然、現実の客単価とズレます。このズレを、どう捉《とら》えるかが肝要です。たとえば、夕食3000円をいただこうと思っていたところ、現実は3500円になってしまったとします。実は、これは大変に危険な兆候です。客単価はその業態の商売のあり方を凝縮したものですから、500円も上がってしまっているということは、店主が目指す店と実際の店の使われ方との間に狂いが生じているということです。

500円くらいなんだ、と思われるかもしれませんが、とんでもない話です。500円の差があったら、客層も来店動機もまったく違う、別の商売になってしまいます。

店主の狙い通りにいっていない店に、誰が足繁《しげ》く通うでしょうか。

狙い通りの品数を注文してもらうことが大事

逆に、客単価3000円を狙う店が、2500円の客単価になってしまったとします。これも同じように大問題です。お客さまは3000円も払う価値ナシ、という声なき声をあげているのです。店主が売れてほしいメニューを注文せず、より安いサブメニューで我慢しているか、もう一品注文してほしいところを、お客さまが自らにブレーキをかけているのです。3000円じゃ高すぎる。客単価2500円の店になってくれ！という悲鳴をあげているとも考えられます。

いずれにせよ、メニュー構成と一品一品の単価の徹底的な洗い直しが急務です。主力メニューを中心に、店主の思い通りの組み合わせ（たとえば、料理3品、アルコール2品といった具合）でお客さまが注文してくれるようになったら、しめたものです。

メニューの中身と価格とメニュー構成の絶えざる修正作業を遂行してはじめて、店主の意志とお客さまのニーズの合致が果たされます。

目標の客単価と実際の客単価が１００円でもずれていれば、思い通りの商売ができていないのだ、ということを痛感すべきです。繰り返しますが、時間帯別の客単価戦略を持たなければなりません。

成功セオリー 08

強力なサブメニューが、単価を引き上げ、原価率を下げる

「シェア」も「オプション」も立派なサブアイテム

中華チェーンが好調です。好調な理由はいくつかあるのですが、共通していることは、「餃子に力を入れている」ことにあります。どのチェーンも、餃子の注文率を高めることに努力してきました。つい注文してしまう価格、そしてクセになる味。これを餃子で実現するために各チェーンとも企業努力を惜しみませんでした。

この章のテーマは、「強いサブアイテムを持とう」です。中華料理店の餃子がまさに典型的なサブアイテムですが、ハンバーガーチェーンのフライドポテト、ファミリーレストランのスープ、サラダ、デザートもそうです。

また、本来サブではないのに、サブアイテムとして機能しているメニュー例として、ピザが挙げられます。パスタ&ピザ専門店などを見ると、それがわかりますね。パスタは各人が好みで注文し、ピザをシェアメニューとして一品注文している光景をよく見かけます。

それから、いま急速に店数を伸ばして８００店を超えるコメダ珈琲店。あの店の名物メニュー「シロノワール」もまさに強力なサブアイテムと言えます。シロノワールをひとつ注文して、シェアしているカップルも多いですね。

その変形判として、ＣｏＣｏ壱番屋のサブアイテムは、あの多様なオプションメニューです。ひとつは段階別の辛《から》さ、もうひとつがトッピングです。このオプションこそがサブアイテムなのです。

ちなみに、ＣｏＣｏ壱番屋は客単価が８００円を超えます。この客単価を実現している屋台骨がまさに、サブベーシックメニューとして機能しているオプションなのです。

目的は客単価を引き上げ、原価率を下げること

強いサブアイテムを持つ目的は、もうおわかりですね。ひとつは、客単価を引き上げること。もうひとつは、粗利益を稼ぐこと。この2つです。

まず、前述したように「つい注文してしまう」価格を実現していること。これを専門用語で「アフォーダブル（手が届く範囲の／手頃な）・プライス」と言うのですが、先ほど言いました中華チェーン全般の餃子、ハンバーガー店のフライドポテト、大手ファミリーレストランのスープ、サラダ、デザート。これらは、アフォーダブルを徹底的に追求したメニューであり、価格です。

サブアイテムのおかげで客単価が上がります。外食業関係者であるプロの皆さんは、日々の営業でひしひしと感じているはずですが、客単価がたとえば500円、800円、1000円、1200円と違うと、まったく商売が変わってしまうのです。

ここで大事なことは、商売の中身を変えないで客単価をほんの少々上げることです。

成功セオリー08

強力なサブメニューを育てよう

それがサブアイテムの役目です。無理な引き上げを狙うと、お客さまは一気に引いてしまいます。

サブアイテムのもうひとつの役割が、原価率の引き下げです。フライドポテトにしても、餃子にしても、原価は高くありませんね。主力商品の原価が高くても、サブアイテムで「冷やす」ことで、トータルの原価率が下がります。

価格が低くて、しかも原価も低い。こういうサブアイテムを持つのは、なかなか至難のワザではありますが、その条件を満たしてわが店独自の名物サブアイテムを持つことができれば、その見返りは大変大きいものになります。ひとことで言えば、よく売れて、よく儲かる店に変身できるのです。

居酒屋グループが今、力を入れているのが唐揚げですね。独自性があってクセになる味の追求で、アフォーダブル・プライスが実現されていれば、まさに強力なサブアイテムを手にすることになります。

居酒屋といえば、「お通し」はいわば半強制のサブアイテムです。あれは強引に押し付けられて、大半のお客さまは不満を抱いている、不思議なサブアイテムです。しかし、居酒屋に来店したお客さまが、主体的に積極的に「つい注文してしまうとりあえずメニュー」が開発されれば、それが強いマグネットになり、差別化の武器になってくれるはずなのですが、これを実現している店に出会うことは実に稀《まれ》です。

お客さまの不満を解消するところにビジネスのチャンスはあるのですから、ぜひ腰を据えて、あの悪名高き「お通し」の改造、もしくは撤廃に取り組んでもらいたいものです。

成功セオリー 09

本当に無理か？「原価率50%」が繁盛店を生む

繁盛店の共通点は「原価が高い」

40年以上も外食店や経営者の取材をしてきましたが、繁盛店には、いくつかの共通要因があるはずだと思って調べたことがありましたが、その最大の共通要因は「原価率が高い」ということでした。このあまりに当たり前すぎる結論に、ズルッといってしまったものです。

「原価を高くすれば、繁盛するのは当たり前じゃないか」と反論する店主、経営者の方もおられましょうが、「じゃあ、なぜやらないの」と逆に聞いてみたいです。「原価を上げて、まず繁盛店にしてみてよ」と言いたいです。

「原価を上げたら、利益が出なくなる」との反論もありましょうが、お客さまが来なくて赤字の状態よりもずっとましではありませんか。では、どのくらいの原価率でやればよいか。すごく乱暴な言い方をしますと、50％です。50％の原価をかけている飲食店なんてほとんどないのですから、商品力の差ははっきり出ます。すぐに利益は出ないかもしれませんが、よほどのことがないかぎり、客数は確実に増えます。

結局やらないのは、勇気がないのです。業界の常識にとらわれすぎているのです。原価は売り値の3分の1と、誰が決めたのでしょうか。そんな〝常識〟を一度ひっくり返してもらいたいですね。実際、ここのところ「原価に50％をかける」を旗印に、大繁盛を生み出している店（チェーン）がポツポツ出てきました。押すな押すなの大繁盛です。近隣のライバル店の店主（店長）が、その繁盛ぶりをうらめしそうに見ています。50％の原価で繁盛をわがものにした、ある経営者はこう言っていました。「私は外食のまったくの素人です。調理の技術を持っているわけでもない。私のようなド素人が勝つためには、何をしたらよいか。食材の原価を上げるしかなかったのです。

お客さまにとって、よそとの違いがいちばんわかりやすいですからね」

儲けようと思うと利益は逃げていく

そうなのです。原価率の差は「歴然たる違い」としてお客さまに訴えかけます。最近のお客さまは、原価に対して実に確かな目を持っています。原価をかけている店、いない店を、瞬時に見抜きます。小手先でごまかそうとしても、そんなものに惑《まど》わされるほど甘くはありません。

また、料理にはある程度原価をかけても、アルコール類でしっかり儲けようという店が少なからずありますが、それも愚かなやり方です。お客さまはだいたいの酒類の小売価格を知っているのですから、それを高く売ろうなどと考えている店はたいてい苦戦します。

有名な日本料理店では、とくに日本酒に多いのですが、その価格は1合に満たない量で、１５００円とかを取る店がザラにあります。ちょっと飲みすぎると、料理代よりも高くなったりします。いったい何を考えているのでしょうか。「あの店の料理は一流だけど、酒が高くてね」と苦情を言われている店がいくつもあります。

先の原価率50％を掲げて大繁盛をものにした経営者は、「これだけ繁盛すると、原価って下がるものなのですね。今は40％でいけています。不思議なものです」とも話していました。

そういうものなのです。食材の質を落としたわけでもなく、価格を上げたわけでもない。繁盛し、客数が増え、売り上げがアップすることで、自然に原価は下がるものなのです。

原価率50％でやったところ大繁盛をして、40％に下がった店と、40％でカツカツの営業をして、40％に留まっている店を比べてみますと、料理の内容や価値が全然違うのです。そして、後者はいっこうに儲からず、前者はお客がお客を呼び、ますます儲かる店としての確固たる地位を確立していきます。しかし、注意しておきますが、原価率が50%が繁盛の条件だ、と言っているわけではありませんよ。念のため。

そもそも両者の違いは何だったのか。

ひとつは勇気ですね。勇気があったのか、なかったのかの違い。

店に入ると、儲けたがっている店と、お客さまに喜んでもらいたいと念じている店とでは、入った瞬間の空気が違います。儲けようとしている店と価値を提供しようとしている店との違いは、瞬時に判別できます。儲けようとすると利益は逃げていき、高いお値打ちを提供しようとすると、利益は転がり込んでくるものです。

「業界の常識を疑え！」、これに尽きます。

成功セオリー10

高単価でなければ、お客さまが困る外食店もある

思い切り店舗に投資をして、バリアを築く

一杯のコーヒーに８００円とか１０００円を取る喫茶店がありますね。「原価率10％？」みたいな店です。そんな店に誰が行くんだよと思って行ってみると、終日お客さまが絶えなくて、結構な繁盛を維持しています。

そのかわり、店舗投資は半端ではありません。デコラティブ・ゴージャス派もあれば、シンプル・シック・ノスタルジック派もあり、テーマはいろいろですが、内装、調度、食器などは選び抜かれています。喫茶店でここまでやるか、というくらいのお金の掛け方です。当然、居住性も高い。

成功セオリー⑩
高単価が求められる店もある

このようなお店は、一般的な傾向とは逆です。普通は、原価と人件費は削るわけにいかないから、店舗投資は極力抑える。チェーン店はたいていどこもこの道をとことん追求していますね。居抜き物件を引き受け、家賃を引き下げて、追加の投資をほとんどしないで、ペイラインを下げる手法でチェーン化を進めているグループもあります。こういうグループからすると、過剰投資の喫茶店などは理解不能の店ということになるでしょう。

しかし、過剰投資もひとつの生き方です。誰もそんな〝非常識〟な真似はしませんから、それがひとつの参入障壁となるのです。たとえば、椿屋珈琲店というお店があります。過剰投資型ですが、この店ならではの客層（正確には来店動機）を捉《とら》えています。じっくり商談をしたり、デートスポットとして使ったり、別れ話をしたり、趣味のサークルの集《つど》いをしたり、といった動機を持った人が、まさかドトールコーヒーには行きませんよね。ためらうことなく、椿屋珈琲店を選びます。椿屋珈琲店が非常識と言っているわけではありませんが、店舗に思い切った投資をして、質の高いサービスを実現して、高単価の取れる喫茶店という独自の市場を確保したのです。こういう商売のやり方もあるのですね。

こういう店は、「超繁盛して一日中行列が絶えない」などという状況はあってはならないのです。いつ行っても適当な度合に席が空いていることが、お客さまから求められているのですから、満席状況になったらそれを回避する方法を採らなければなりません。つまり、値上げです。端《はた》から見ると、元が高いのにさらに値段を上げるなんて、と非難の声のひとつも出てしまいそうですが、それは店を使っていない人間の言うセリフです。ヘビーユーザーにとっては、「値上げしてでも、満席ウェイティング状態から脱出してもらわなければ困る」のです。

高単価、高粗利商売に切り込むカテゴリーキラー

高単価でお客さまをふるいにかけ、特定の動機だけをつかみ取る、一種の排他ビジ

成功セオリー⑩
高単価が求められる店もある

ネスというものがあります。料亭なんかもそれです。一流都市ホテルなどはその典型ですね。この排他ビジネスは、初期投資が莫大となります。投資額そのものが参入障壁なのですから、当たり前ですね。誰にも真似のできないような投資をして、そこでバリアを築いてしまいます。

巨大投資でペイするためには当然、営業コストを下げなければなりません。ホテルは、人件費や家賃はかかりますが、宿泊の原価は基本的にタダ同然です。ビジネスホテルは巨大投資にはなりませんが、やはり自前の飲食施設を持たない場合は（ほぼ）原価ゼロの世界です。人件費も低く抑えられますから、稼働率さえ上がれば、メチャクチャ儲けられるビジネスです。

外食業の場合は原価率ゼロというわけにはいきませんが、高額投資・低原価率型のビジネス形態も「アリ」ということは、頭に入れておきましょう。市場は限定されますが、特定の動機を狙い打ちする店で、高単価が取れて、高荒利益率を確保できる商売です。具体的には高級料亭、ハイクラスのフレンチやイタリアン、あるいはすしなどの高級専門店、そしてさきほどの高単価喫茶店などです。いずれも初期投資は高く、上質の居住性を具備していなければなりません。さらに、高単価を取れるだけの商品の質を持っているか、また、それを支えるだけのサービスの高質性が保持されているかどうか、ここが問題になります。つまり、商品力、サービス力、居住性の三拍子がそろっていなければ、この排他ビジネスは成り立たないということです。

もうひとつ、高単価、高荒利の商売という分野には、必ずカテゴリーキラーやディスカウンターが登場して、そのバリアを突き崩します。先の「俺のイタリアン」「俺のフレンチ」も、そして一時爆発的に店数を増やしてた「いきなり！ステーキ」も、高単価専門店のカテゴリーキラーですね。価格を思い切り引き下げ、原価を50％近くかけ、そのかわり客数（客席回転数）で稼ぐスタイルです。粗利益率は低いですが、これまでとまったく違った利益構造で商売をしたのです。外食のプロではなかなか思いつかない商法です。

成功セオリー 11

「ミール」から「シェア」への変身を探る

ディナー市場はシェア型へと移行している

外食業もいろいろな区別の仕方がありますが、皿の所有権のある業態と、ない業態の2つに区分してみると、新しい商売の道が拓《ひら》けてきます。結論から先に言いますと、時代は皿の所有権のない業態＝シェア型へと移行しています。

たとえば、フレンチは皿の所有権が「ある」ですが、イタリアンは「ない」。日本料理は「ある」ですが、居酒屋は「ない」。ステーキは「ある」ですが、焼肉は「ない」。しゃぶしゃぶ、すき焼き、うどんすきも「ない」です。ラーメンは「ある」ですが、中華料理は「ない」になります。もうおわかりでしょう。「ない」業態というのはいろいろな料理をシェアしながら、お酒を飲んでワイワイ、ガヤガヤ楽しむビジネスです。時代は、この「ない」ほうにシフトしている傾向があります。

郊外のファミリーレストランを見てみましょう。元々は、「私はハンバーグ」「私はステーキ」というように、皿の所有権が「ある」業態でした。ところが、同じファミリーレストランでもサイゼリヤは「ない」のです。基本がシェア型のイタリアンであることに加えて、あまりにも価格が安いので、もう一品、もう一品と注文してしまい、皿をシェアするかたちが強くなったのです。ですから、一般的にファミリーレストランの売り上げにおけるアルコール比率は2～3％であるのに対し、サイゼリヤだけは10％近くになります。低価格イタリアン居酒屋として利用されているのですね。また最近、ファミリーレストランがどんどんブッフェに業態転換していますが、あれも「ない」型ですね。ファミリーレストラン業界も、「ある」型グループが「ない」型グループに追い立てを食っている、という言い方ができるでしょう。

「ある」型を、ミールレストランと言います。ミールとは食事という意味で、グループで食事していても、それぞれが個別のメニューの食事をするスタイルです。一方、「ない」型をシェアレストランと言います。文字通り、料理をシェアして食べる業態ですね。こちらのほうがどうも楽しそうです。前述のように、ビールやワインを飲んで歓談しながら食事をするのですから、楽しいに決まっています。ランチは「ミール」、しかし、ディナーは「シェア」という方向に進むのは、当然のことです。

シェア業態への転換のポイントは「価格」「ボリューム」「アルコール比率」

ですから、まずはわが店はミール型なのか、シェア型なのかどうかを判断することです。ミール型で結構というのも、それはそれでひとつの生き方です。アルコール販売が苦手な経営者は、無理にシェア型に変身する必要はありません。たとえば定食屋がシェア型に変身しようとすれば、居酒屋の方向を探るということになりますが、何も無理にその方向に進む必要はありません。定食屋としての市場も厳然と存在するのですから、それを粛々《しゅくしゅく》と追求すればよいのです。しかし、シェア型になれる商売をやっていて、なりたくてなれないというのは問題です。どこかに欠陥があるのです。シェア型への変身は、業態によってその方法は変わりますが、ここでは基本的な注意ポイントを指摘しておきましょう。

まずは価格です。シェア型というのは、多くの料理を注文するのですから、抵抗なく注文できる価格（アフォーダブル・プライスですね）が実現されていなければなりません。前述のようにサイゼリヤがシェアレストランになり得ているのも、一品一品に破格の安さがあるからです。また、298円や300円の均一価格の居酒屋もそうです。注文への抵抗度合いが低いのです。このときもいちばん大事なことは、戦略としての客単価です。いったいひとりのお客さまからいくら頂戴するのか。それが戦略としてまずあって、そこから一品一品の価格がはじき出されていなければなりません。

「成功セオリー7」の章でも述べましたが、客単価は結果ではなく、店の戦略でなければなりません。

次にアルコールの売上比率です。高ければ高いほどいいというものではありません。シェア型を追求したいが、メインターゲットはファミリーに置きたい、居酒屋にはしたくない、というのであれば、むしろアルコールの売り上げを抑えなければなりません。そのときの基準は売り上げの15％でしょう。これを超えると、業態がファミリー狙いから離れていってしまいます。シェア型であっても、ブッフェのようにアルコールの売り上げが低いビジネスもあります。要は、どういう立地で、どういう客層（正確には来店動機）に照準を当てるかです。

シェア型に変身させる場合、料理のボリュームと器の大きさも大事になります。たとえば、うどんという本来個食であるものを、うどんすきというシェア型に変身させたのも、器とボリューム（と具材）に着眼したからです。そう考えると、どこまで行ってもシェア型にならない商売があるということがおわかりでしょう。そばがそうですね。（へぎそばのようなシェア型もないことはありませんが）うなぎもそう。ラーメンも個食です。しかし、これらの個食を〝仕上げ〟として残しておき、その前段階をシェア型にするということは可能です。そば居酒屋がまさにこれです。「そば屋で一杯」というニーズは十分にありますが、仕上げのそばそのものは個食であり続けているのです。

「シェア」をキーワードに、もう一度現在の商売を分析してみましょう。意外な可能性が拓《ひら》けてくるはずです。

成功セオリー

12

客数を増やすメニュー、客単価を上げるメニュー、粗利益を取るメニュー

「売れ筋」は「儲け筋」でなければならない

メニューには、3つの種類があります。「客数を増やすメニュー」、「客単価を上げるメニュー」、「粗利益を取るメニュー」。この3つです。もちろん、ひとつのメニューが2つの役割を果たすこともありますが、重点をどこに置くかでこの3つに分類されます。この分類が頭の中でできていないと、戦略を持った経営者にはなれません。

料理修業を積んだ人が独立開業して、結構失敗する例が多いのは、まず立地選択の重要性の認識が甘いこと（繰り返しますが、立地選択のミスは取り返しがつきません）が理由のひとつ。もうひとつは、このメニュー分類が苦手なことです。自分のつくっ

たメニューに対する思い入れが強すぎて、どのメニューに対しても等分の原価率をかけてしまうのです。たとえば、すべて原価の3倍を定価にするような方法です。この傾向が高じますと、ランチもディナーも原価率が同じ、食事メニューもデザートも同じ、というマヌケな値付けをしてしまったりします。要するに、経営者としては素人ということです。

これも前に述べましたが、原価率はデコボコでなければなりません。粗利を取りにいくメニューは原価の5倍付けであってもいいし、逆に原価率を6割に設定しなければいけないようなメニューも存在します。原価率には、一品一品、その役割に合わせてメリハリをつけなければなりません。

客数を増やすメニューは、基本的に原価率が高いメニューです。「高原価」というものが、いちばんわかりやすいバリュー訴求だからです。ただし、これはどこの店にも存在するポピュラーなメニューについて言えることであって、「わが店オリジナルの看板メニュー」は、その限りではありません。オリジナルメニューというものは、わが店独自のメニューですから、他店のメニューと比較のしようがないのです。原価がよくわからないけれども魅力的という商品にできあがっていなければなりません。珍奇なメニューということではないのですよ。ジャンルとしてはポピュラーだけど、「これってこの店でしか味わえないよなぁ」といったメニューです。こういう看板メニューでは、しっかりと粗利を取るべきです。まさに「売れ筋」は「儲け筋」でなければならないのです。

比較されやすいポピュラーなメニューは、価格を低く設定する

他店との比較の話をしましたが、比較されやすいメニューは価格を下げて、お値打ちを訴求しなければなりません。居酒屋で言えば、お通し、生ビール、焼鳥、煮込み、刺身盛り合わせ、といったメニューがそれにあたります。こういう多くの店にもあるメニューの価格が高いと、「高い店」という印象を与えてしまいます。逆に、こうい

うメニューが安いと、これがマグネットの役割になります。つまり、安いポピュラーメニューは、「客数を増やすメニュー」になるということです。

ちなみに、何度も言わせてもらいますが、お通しが法外に高い店って、本当に腹が立ちますよね。５００円も取って、ゴマ油をかけただけのザク切りキャベツなんかが出てきますと、それだけで店を出たくなります。

客数を増やすメニューは、サブメニューのなかにも存在していなければなりません。たとえば、中華料理店やラーメン店の餃子、喫茶店のモーニングセット、イタリアンのピザなどがこれにあたります。餃子ですと２００円台、モーニングセットはタダか１００円台、ピザですと５００円台。この価格を付けると、「おおっ！」ということになり、注文率が一気に上がります。これが客数増の要因にもなるのです。

そんな価格で出したら、原価率が上がってしまうと恐れるのは、まさに素人です。はっきり言って原価率が１００％の商品があってもいいのです。繁盛店の店主というのは、注文率の高いこういう超お値打ちサブメニューを仕込むことが本当に上手なものです。いくら原価率が高いメニューがあっても、主力とサブメニューをちゃんと注文していただき、客単価が上がって、結果的に所定の原価率にキチッと落とし込んでいく。そのメリハリをつける技術が巧みなのです。強い店というのは、必ずすばらしいサブベーシックメニューを持っているものです。

主力メニューの品質が上がらなければ客数は増えない

プロの経営者は、この3種のメニューを巧みに結合させて、原価率を目標の数字に収め、客数を伸ばし、わが店を繁盛店に仕立て上げます。もちろん、価値ある看板メニューが中心にデンと据《す》えられていなければなりません。ダメな経営者は、このメニューのメリハリをまったく理解せず、先述した全品同一原価率などという愚行をメニューづくりで行って、最後は廃業を余儀なくされます。店の売り上げは、客数が上がって、客単価も（ほんの少しずつ）上がってくれれば伸びます。利益は粗利益高が上がれば、増えます。言葉にすれば簡単明瞭なのですが、実践して成果を得るとなると、これは至難のワザです。

客数増の基本は、主力メニューの品質が上がって価格が守られることです。これまた困難な道ですが、チェーングループで強くなっているところは、これを実行しています。食材の仕入れ→セントラルキッチンでの製造→店舗での調理→提供に至るまで、絶えず検証と改善を行い続けて、品質向上を繰り返しています。これを「商品の磨き込み」と言います。

主力商品については、これも前に述べました。絶えざる商品の再設計です。「味は変えない。しかし質は上げる」を原則としなければなりません。何も変えずに同じところに留まっていると、コアの常連客は必ず「まずくなった」と言いはじめます。そして、店から離れていきます。コアのお客さまが減っていって（あるいは来店頻度が下がって）、客数が増えるなどということはありえません。

値下げをしたほうが客単価は上がる（こともある）

「客単価を上げる？　そのためには値上げしかないなぁ」などと考えている人がいたら、外食業の経営者として失格です。単純な値上げくらいお客さまの反発を買うやり方はありません。むしろ価格を下げたほうが客単価は上がることが多いのです。価格を下げると、１人のお客さまの注文皿数が増えるからです。逆に言うと、注文皿数が増えないような値下げはやってはいけないということです。

前にも例に挙げましたが、ラーメン店の餃子がそうですね。一皿２５０円で売っていたものを１９０円にしたら、注文数が3倍になったという話があります。居酒屋の生ビールなんかもそうです。４８０円していたものを、３８０円にしたら、従来１人1杯しか注文されていなかったものが1・5倍に上がったという例もあります。デザートもそうですね。高いから食後グッと我慢していたお客さまが、「あっ、この値段なら注文しちゃおう」という気持ちになったら、注文数はハネ上がります。

ただし、原価は上がります。しかし客単価が上がりますから、粗利益高はむしろ上がるのです。ですから、注文数を高めて、客単価を上げるメニューをあらかじめ設定しておく必要があります。そしてその中でも、このメニューの出数を上げていこう、という重点メニューを決めておかなければなりません。そして、注文率がどれだけ上がると、客単価がどう上がり、原価率がどう変わり、粗利益高がどう変化するか、その青写真ができていなければなりません。

粗利益を取るメニューですが、主力メニューでしっかり儲けることを原則としなければなりません。そして、主力メニューの領域内の改変版が高粗利益メニューになります。

たとえば、基本のラーメンにトッピングを加えるだけで、100円、200円高の商品になります。こういう主力メニューの改変版が人気になりますと、粗利益がガラリと変わります。調理の作業量を増やさず、ほんのひとつ材料を加えることで、単価・粗利益がグーンと伸びる。主力メニューを磨く一方で、主力商品の脇を固める「バリエーションメニュー」の開発には、常にエネルギーを注ぐ必要があります。

値上げをしないで、むしろ値下げをして、客単価を上げ、粗利益を増やす方法はいくらでもあるのです。客数を増やそう、収益構造を変えよう、ということをいつもいつも考え続けていなければ、熾烈《しれつ》な外食戦争を勝ち抜くことはできません。でも繰り返しますが、主力メニューの質を絶えず上げていかなければ、客数は増えません。

成功セオリー 13

「隠れた宝石」をこうして見つけ出そう

何も宣伝していないのに、着実に注文数が増えるメニューがある

「メニューの数を増やすな」。これが商品力を上げ、競争力を高めるための鉄則です。このことは、すでに述べてきました。そうは言っても、新しい売れ筋メニューを生み出すために、絶えず新メニューを開発し、お客さまの反応を注視することは大切なことです。また、メニューの中に一定の新商品群が存在していないと、お客さまの来店頻度が落ちていきます。旬のメニュー、トレンドメニュー、実験メニューが必要なのは、お客さまの来店頻度を維持するためなのです。

さて、新しい売れ筋メニュー開発に関する話ですが、メニューの中には hidden

diamond（ヒドゥン・ダイアモンド＝隠れた宝石）があるものです。あまりメニューの入れ替えが激しいと、この宝石を見過ごしてしまうことがあります。メニューの売れ方をよほど注意深く見守っていないと、せっかくの宝石を発見できないままメニュー表から外してしまうこともあります。

「隠れた宝石」とは、ジワリジワリと注文数が増えていくメニューです。何の宣伝もしていないのに、特別な販促もしていないのに、また、メニュー表の中でも目立つところに置いていないのに、毎月集計してみると、着実に注文数が増えているメニュー。これがまさに「隠れた宝石」です。

北関東を中心に、ハンバーグを主力とする「フライングガーデン」というチェーンがあります。「爆弾ハンバーグ」という強力な看板メニューを持っていますが、この爆弾ハンバーグがまさに「隠れた宝石」の典型です。もともとはスパゲティやドリアを中心にしていた店だったのですが、あるとき、まかない用に食べていた醤油味の荒挽《び》きハンバーグをメニューに入れてみました。すると特別な販促をしたわけでもないのに、月を追うごとに売れ行きを伸ばしていったのです。そこである店で、この爆弾ハンバーグを主力メニューに据え全面的に打ち出したところ、文字通り爆発的に売れました。話題が話題を呼び、チェーンの中でも超繁盛店になっていったのです。これが爆弾ハンバーグ誕生秘話です。

価格を変えてみる、ポーションを変えてみる、役割を変えてみる

もちろん、潜在的な商品力がなければ、「爆弾ハンバーグ」のようなメニューは生まれません。しかし、大事なことは、メニューの注文動向を注意深く見守る、持続的な観察力を持つことです。少しずつ注文数が伸びていくということは、「何かがある」のです。その小さな動きを見逃していることがあまりにも多いのです。

あなたのお店では、毎月毎月、メニューの売れ行き動向をフォローしていますか？勘だけに頼ってメニューの入れ替えをしているようなことはありませんか？　新メ

ニューの開発にばかりに熱中してしまって、改廃ばかりに熱心になり、お客さまの反応をきっちりと把握していないということはありませんか？

せっかくの「隠れた宝石」を泥水と一緒に流してしまっているかもしれません。まことにもったいないことです。新メニューの導入ももちろん大事なことですが、観察力と追跡力を持たなければ、新しい売れ筋をつかむことはできません。

もうひとつ大事なことがあります。ちっとも売れないけれど、「隠れた宝石」になる可能性があるメニューというものがあります。売れる潜在力があるのに、値付けが間違っていたり、ポーションが大きすぎ（小さすぎ）たり、メニュー全体の中での位置づけが間違っていたりするために売れないメニューです。そして、その修正・微調整をすると、売れ行きが爆発するメニューです。そういうメニューって、案外多いものですよ。とくにメニューの中の位置付けが合っていないというのは、重要な問題です。本当はサブメニューとして提供するべきメニューがメインメニューの中にあったり、シェア（取り分け）メニューとして提供したらヒットするのに、普通の一品メニューになっていたり…ということです。

要するに、本来の役割とは違う形で提供しているために、本来の力を発揮できないメニューが結構多いものです。野球選手にもよくいますよね。クローザー(抑え投手)に役割を変えたら見違えるような力を発揮した投手、といった具合です。話は元に戻りますが、一品一品のメニューについて、この価格でいいのか？　量はこれでいいのか？　という疑問を持って、総チェックするべきです。

とにかく、現行メニュー（とその価格）を完成品として見ないこと。違う角度から見る習慣を身に付けることです。新メニューの投入ばかりに力を入れて、結果の追跡と改善をしないのは、エネルギーの無駄使いというものです。

でもいちばん大事なことは、繰り返しますが、もちろん大黒柱の看板メニューの「磨き込み」です。味は変えないが、質は上げる。この姿勢で常に商品力を高めていくことが、お店の競争力を高める最強の決めワザです。このことを、ゆめゆめ忘れてはなりません。

成功セオリー
14

メニュー半分、キッチン半分を目指そう

メニューの多さは「弱い店」の証拠

「放っておくとメニューはどんどん増えていく」という話は前にもしましたね。経営者として常に考えておくべきことのひとつは、「メニューを半分に減らせないか」ということです。

「そうはいきませんよ。どのメニューもそこそこ売れていますから」と反論する人もいますが、それは、ほとんどのメニューがさほど売れていないと言っていることと同じです。明確な売れ筋がないということです。

メニューが多すぎる店の弱点を挙げてみます。

・食材が多すぎて鮮度が落ちる。廃棄も多く、原価率が上がる。
・仕込みに時間がかかる。また、営業時間内での作業が増え、提供時間が遅くなる。
・調理の熟練度が上がらず、安定した品質の商品が出せない。
・多種の厨房機器を必要とし、投資・維持のコストがかかる。
・広いキッチンスペースを必要とし、厨房の人件費が下がらない。水道光熱費も高止まりする。
・専門性がないので、お客さまは来店動機を絞り切れず、競争力が上がらない。

このように、悪いことだらけです。

メニューが多すぎるということは、「売り物がない店です」と世の中に公言しているようなものです。とはいえ、メニューが多すぎるといっても、よい多さと悪い多さがあります。品種が多いのが悪い多さで、限られた品種の品目数が多いのがよい多さです。

「品種の多さ」をわかりやすい例で言いますと、和食・洋食・中華を全部カバーし

成功セオリー⑭
メニューを半分、キッチン半分に

ている店を想像してみてください。そんな店があったら、厨房は大混乱ですよね。でもひと昔前は、こういう店がありました。デパートの総合食堂がそうでしたし、地方都市の駅前には〝大型お好み食堂〟というものがありました。何でもアリの店でした。時代がそういう店を求めていたのです。これは極端な例ですが、まったく異質の品種のメニューが紛《まぎ》れ込んでいる店が多くあります。その異物メニューは、メニューから取り除かなければなりません。数品でも売れているとなかなか除去できないものですが、蛮勇《ばんゆう》を振るってカットしましょう。

カットの基準は、特別な食材、特別な調理機器、特別な場所、特別な仕込み、特別な調理能力を要するメニューかどうかです。とくに、そのメニューが存在することで、他のメニューの調理から提供までの流れを止めてしまうものです。実際に調理を担当するシェフにとっては、大きなストレスになっているメニューがあるものです。「これさえなければ、どんなにラクになるか」と調理場で思われている異物のメニューは、原則としてカットしなければなりません。

大きなキッチンだから、人件費も水道光熱費も下がらない

メニューに関して、よい多さは「品目が多いこと」です。スパゲティ専門店で、スパゲティのメニュー数が増大することは、全然構わないということです。それが品目増です。この専門店でラーメンを入れたらとんでもないことになりますね。これが品種増です。ジャンル(メニューの守備範囲)が固定していて、そのなかでメニューを増やしても、新しい厨房機器や別の調理能力を必要とするわけではありませんから、これはよいのです。そこにたとえば中華風、和風のスパゲティを入れても、基本調理は変わらないのですから、これも問題ありません。専門店としてのメニュー幅が広がっただけなのですから。ですから、「品種は絞り込め。品目は増やせ」です。

「メニューは半分を目指せ」と言いましたが、同時にキッチンも半分を目指さなければなりません。キッチンの圧縮が、これからの競争力アップの肝《きも》となるのです。キッチンが大きいと、余計なメニューが増えていくものです。自店舗のキッチンが、最初

からコックピットのようだったら、と想像してみてください。配置できる人員は最小限になりますし、つくれるメニューの幅も当然限られます。

また、営業時間中に仕込み作業をするわけにはいきませんから、時間帯別の厳密な作業チャートがつくられなければならず、場合によっては一次加工場を別につくることも考えなければなりません。調理担当者も、ひとりひとりが複数の調理を同時に行わなければなりませんし、そうなれば、それを可能にするような機器の配置がなされていなければなりません。

手足を縛られた状態に見えますが、これは経営の観点から見たら、理想のキッチンではありませんか。これを極限まで追求したビジネスがファストフードです。ファストフードとは、ひとつの強力な商品が、堅牢《けんろう》でコンパクトな仕組みのなかで、高速回転するビジネスを言うのです。これにより、従来の外食業では考えられない高いレベルの生産性（収益力）を獲得したのです。

何もファストフードを目指す必要はありませんが、今よりも高い収益力は目指さなければなりません。結局、競争力は売り上げではなくて収益力（儲ける力）ですからね。その大前提が、メニューの絞り込みとキッチンのコンパクト化です。そして、絞り込みをしなければ、けっして強い商品は生まれません。

成功セオリー 15

メニューごとの標準価格をしっかり押さえておく

値段を勝手に決められるのが、飲食店の特徴なのだが……

外食業の特徴のひとつに、「値段を勝手に決められる」ということがあります。このようなビジネスは、あるようで結構ないものです。それができる理由はただ一点、外食業が製造小売業だからです。自分でつくって自分で売る。そして、そこにサービス業の要素が加わるのですから、極端な話、原価1円のものを100円で売ってもかまわないのです。その結果、ひとつひとつの商品の値幅が非常に広くなります。

260円のもりそばがあれば、1000円のもりそばもある。一杯100円のコーヒーがあるかと思えば、1000円のコーヒーもある。一個150円の中トロのすしがあるかと思えば、2000円の中トロもある。880円のステーキがある一方で、2万円のステーキもある。驚くべき値幅の広さですね。そしてそれぞれの価格帯にそれぞれの顧客（市場）が存在するのですから、実におもしろい商売です。価格は店主が独断で決められる。そして、その価格に見合う価値があれば、顧客が生まれる。なければ、見向きもされない。自由でもあり、シビアでもあるわけです。

もっとも、顧客の数（市場規模）は、価格が低いほうが多く（大きく）なります。簡単な話です。100円コーヒーを求めるお客さまは無限に近くいますが、一杯のコーヒーに1000円払う人は限られているということです。当然ですね。

そして、ここからが本題です。商品には標準（ボトム）価格というものがあります。その標準（ボトム）価格についての明確な意識を持たないと、自由勝手に決めた価格が大ハズレに帰するということになります。この標準価格というものがクセ者で、時代によって大きく変動します。そして、1990年代のバブル崩壊以来、標準価格は下落の一途をたどっています。

成功セオリー⑮

標準価格をしっかり押さえる

現在の標準（ボトム）価格を決めるリーダーは、大手チェーングループだと言ってもよいでしょう。「チェーン店と俺の店を一緒にするな」とお怒りの店主さんもおられましょうが、標準価格とあなたの店の価格との「差の説明」が、商品価値において十全《じゅうぜん》に受容されたときにはじめて、顧客というものが生まれるのです。

標準価格はまだ底に張り付いている

まず、標準価格というものを、列挙してみます。

コーヒー　100円
ハンバーグ　450円
スパゲティ　400円
ラーメン　400円
ステーキ　1000円

というように、どのメニューも信じられない安さです。ここに挙げたものは、大手チェーングループによって標準価格（ボトム）が安くなった代表的なものです。ただ、何もこの価格で提供しなさいと言っているのではありません。コーヒーを1000円で出してもいいのです。繰り返しになりますが、900円の価格差を、商品力・店舗力・サービス力などを総合した「価値」として納得してもらうことができるかどうかです。

それには、値付けが店主の独《ひと》り善《よ》がりであってはなりません。あくまでもお客さまが認める価値の「差」でなければなりません。何よりも、日本人に刷り込まれている外食の標準価格が、驚くべき低価格であることを認識すべきです。それだけ「差の説明」が難しい時代になったということです。

20年前は、客単価3万円以上のフランス料理店やイタリア料理店はざらにありましたが、そんな強気の商売をしている店は、ほとんどなくなってしまいましたね。これも今は、フレンチならば5000円前後、イタリアンならば3000円前後というのが標準（ボトム）価格になってしまったからなのです。価格が底入れして、ようやく

成功セオリー⑮
標準価格をしっかり押さえる

価格上昇の兆《きざ》しが見えはじめているのが現状です。

「業種」と「業態」という言葉がありますが、業種というのは商品の中身です。うどん店とか、スパゲティ店とか、うなぎ店とか、焼鳥店とかですね。それに対して業態とは、商売のやり方を指します。100円のコーヒー店と1000円のコーヒー店とでは、業種は同じでも業態はまったく違います。また、宅配専門というのも、業態的発想から生まれた商売ということになります。

商売のやり方（業態）は千差万別でありますが、どんなやり方をするにも、世間にインプットされている標準（ボトム）価格が大前提になることを忘れてはいけません。

成功セオリー16

「コア商品」と同じ領域に、「浮気商品」を散りばめる

普通の人は同じ店に3回行くと飽きる

「繁盛店への道」はただひとつ。一日、一日、確実にお客さまの数を増やしていくことです。これだけです。サラッと言ってしまいましたが、これがまた至難のワザなのですね。客数アップを実現するためには、前述したような強力なコア（核）商品を持っていて、その商品を倦《う》まず弛《たゆ》まず磨き上げていかなくてはなりません。

しかし、それだけでは繁盛店にはなりません。どんな強いコア商品を持っていても、毎日食べに来てくれるお客さまはいません。それぞれの商品の中身（価格も含む）によって違いますが、一定の頻度で利用されるものです。そして通常、人は3回同じ店

を訪れると、利用頻度はガタッと落ちるものです。「飽き」が原因ですね。すぐれた商品ほど飽きられやすいという言い方もできます。

繁盛店になるためには、トライアル（初来店）のお客さまを、一定の頻度で来店するリピーターにすること。そして、リピーターになったお客さまを手離さないこと、です。そのためには、行くたびに新しい商品（企画やキャンペーンなどを含む）が存在することが大事です。絶えず刺激を与えていないと、来店客をリピーターにすることはできないのです。強い商品があるだけでは、なかなかお客さまを引き留めることはできません。

その中心になるのは、新メニューの導入なのですが、メニュー開発を熱心にやり過ぎると、コア商品の焦点がぼやけ、専門性が失われてしまいます。新メニューというと、コア商品とは別のジャンルの開発を考えがちですが、これが危険なのです。

たとえば、あなたの店が、パンケーキ専門店だったとします。その場合、新商品にサンドイッチはどうか、スパゲティはどうか、ハンバーガーはどうか、と守備範囲を横に拡げていきがちですが、そうでなくて、パンケーキというジャンルのなかで新しいメニューを次々に出していくべきです。パンケーキで、実験メニュー、トレンドメニュー、季節限定メニューを開発するのです。こうすると、店の専門性が失われることはありません。

「牛のよだれ」も追求し過ぎるのは、危険

もっとも売れるパンケーキ（看板メニュー）の周辺を、それらの新メニューで固めるのです。そして、その周辺メニューは、次から次へと変えていきます。そうなると、顧客でもたまには新メニューを注文してみようか、と浮気心を出します。刺激を受けるのですね。そして、新メニューを注文してトライしたお客さまは、再びコア商品のパンケーキに戻ります。

ですから、コア商品である看板メニューには、浮気したお客さまを引き戻す力がな

ければなりません。この引き戻す力が、来店頻度を高める役割を果たします。周辺メニューは、一般的には季節の素材などを使うことによって開発されるもので、コア商品よりも少し高めの価格設定をしてかまいません。この高めの設定が、コア商品に引き戻す力の要因にもなります。

同じジャンルでの周辺メニュー開発には、もうひとつ、「新しい時間帯への挑戦」という役割があります。パンケーキで言うと、喫茶メニューと位置付けられていたものを、食事メニューにならないかという視点で新商品の開発を行うのです。コア商品がスナック（軽食）であったならば、〝重食〟化ですね。朝食ならばどんなメニューになるか、ランチならばどうか、ディナー商品にはならないか、こういう「時間」という切り口で商品開発を進めていくと、今までまったく売れなかった時間帯にお客さまが入るようになることもあります。

もっとも、これはコア商品の性格にもよります。ハンバーガーならば、食事にもスナックにもなりますが、ハンバーグとなると、スナック化は難しいですね。あくまでも食事です。特性を無視していたずらに新しい時間帯向けメニューを開発すると、コア商品の力が弱ってしまうことがありますから、開発できるメニューとできないメニューがあることを、頭に叩き込んでおくことが必要です。商品の特性によっては、時間帯メニューを開発することで、前に述べたように、一日中ダラダラと「牛のよだれ」のようにお客さまが来店してくれるものもあります。しかし、一般的に食事性の強い商品を持つ店は、「牛のよだれ」（型）を追求し過ぎることは危険です。

外食業のつらいところは、売れる時間が決まっているという点ですね。そのために、客数も決まってしまいます。この壁を突破するには、新しい時間帯を開発することがぜひとも必要です。そして、外食業を経験した人ならば誰でも実感していることは、お客さまが途切れない「牛のよだれ」型の店が案外強いということです。

「お客さまが途切れない店になれないものか」。このことを商品開発の肝にしておくと、意外な発想が生まれます。ただし、繰り返しますが、商品特性を無視して無理に時間帯別のメニュー開発を進めると、コアタイムの集客力が弱まり、看板商品が台無しになってしまい、店のブランドが急降下してしまいます。

また、「ダラダラ売れる」を追求し過ぎて、その専門性が失われることもありますから、注意が必要です。特定の時間帯しか売れないメニューもあるのです。

成功セオリー 17

「だれ」に「いつ」売るかでテイクアウトの中身はまったく変わる

品揃え、ポーション、値付けでだいたい失敗する

テイクアウトの商品は、「どこに持ち帰るか」を考えることが重要ですね。平日のランチならば、「職場に」「学校に」「公園に」となります。「自宅に」ももちろんありますが、比率としては小さいです。立地によっても変わります。オフィス街ならば、「職場に」の比率が圧倒的に高くなります。その需要を狙って、とくに都市部では移動ランチボックス屋さんがズラッと車を並べる光景にしばしば出合います。店舗を構える店も、ここが稼ぎどころとばかりに、ランチ弁当を店前に並べて、お客さまの争奪にこれ努めます。

成功セオリー⑰

テイクアウトの基本条件

自宅からの最寄りの駅前（あるいはエキナカ）であれば、当然「自宅へ」のテイクアウトが主流になります。また、夕方からお客さまが増えます。駅近くのとんかつ店、天ぷら店、そうざい店などで、夕食のおかずにテイクアウトをする光景がよく見られますね。すしのパックや弁当なども、テイクホームのメイン商品のひとつです。

テイクアウトは、あらかじめつくり置きしておくことができますから、売れる時間にメチャクチャ売れます（人気があればの話ですが）。店内でサービスする必要もありませんし、買ったらお客さまはすぐに立ち去ってくれますし、こんなにありがたい商売はありません。

ですから、外食店はこぞって、何とかテイクアウトで売り上げを伸ばそうとして商品開発をしますが、たいてい失敗します。失敗の理由は、以下の4つです。

①立地と時間が合っていない商品を置いている
②価格が高すぎる
③経時劣化についての認識がない

④イートインとバッティングして大混乱する

このひとつひとつについて、もう少し深く吟味してみることにしましょう。

有名料理店よりも仕出し屋や弁当店のほうがテイクアウトのプロ

①は先にお話ししたことですね。どこに持ち帰るかで中身がまったく変わります。たとえば、とんかつと天ぷら。ランチならば、カツ丼や天丼が中心になるでしょう。でも、夕食のおかずに買うのだとしたら？　たいてい、とんかつならば「何枚」、天ぷらならば「お好みセット」という形になります。夕食のおかずです。立地と時間で、テイクアウトの中身はガラリと変わってしまうのです。テイク・ホウェア（どこに）、テイク・ホェン（いつ）を意識しておかないと、とんでもなく的外れな商品を並べてしまうことになります。時間帯、曜日によってポーションが変わる（何人で食べるか）ことも、注意が必要です。

②の「価格が高い」。これも外食チェーンがよく失敗するケースです。もともと粗利益率が高い（65～75％）のが外食業の特徴ですが、テイクアウトに同じ粗利を求めて値付けをすると、競争力がまったくない商品ができてしまいます。

私の知っているオフィス街のすし屋さんで、小さいながら、ランチタイムは大繁盛している店があったのですが、テイクアウト専門店にしたところ大失敗。結局、閉店してしまいました。人気の１０００円のちらしずしを８００円のテイクアウト商品にしたのですが、ちっとも売れません。イートインならば、１０００円でも「価値アリ」だったのですが、テイクアウトとしては８００円に下げても、「価値ナシ」だったのです。コワいですね。「餅屋は餅屋」と言いますが、食品小売りのプロから見たら、とんだ勘違いの値付けをしてしまったのです。価格の基準は、コンビニや食品スーパーの弁当・そうざい類の価格、と考えておいてください。

③の経時劣化はどうでしょうか。外食のプロは、その場でつくってすぐに提供します。これに慣れきってしまっているため、「時間が経つとまずくなる」ということが、

素直に頭に入っていかない。仕出し屋、弁当屋は、その点ではプロですね。何時間後に食べられるのかを想定して、食材選びや商品づくりや味付けをしています。京都でも、有名な日本料理店が数多く存在するなかで、昔からの仕出し屋さん、弁当屋さんがしっかり根付いています。彼らこそ経時劣化に対するプロなのです。

④はよく目にする光景ですね。店にお客さまは入ってくるわ、テイクアウトのお客さまが列をつくるわ、でオペレーションはメチャクチャ。主人は目が血走って、冷静に判断する能力がすっ飛んでしまっている。結局、イートインのお客さまは去って、テイクアウトコーナーも閑古鳥が鳴くということになります。

ピークはしばしば重なるものですから、それに合わせた準備をしなければ、対応できるはずがありません。ただし、この準備というのがまたくせ者で、準備をし過ぎると、店売りも、テイクアウトも、商品劣化を引き起こします。準備のし過ぎはイートインだけの店でもよくあります。確かに、営業中の作業はずいぶんラクになりますが、劣化は確実に進みます。

成功セオリー
18

「もう一品」の注文を取るメニュー力、サービス力

テーブルに通う頻度が上がれば、客単価も上がる

同じチェーンで全店メニューが同一であっても、店ごとの客単価には結構高低差があります。立地は少しずつ違いますから、その立地差によって客単価の差が出ます。たとえばファミリーレストランのチェーンですと、朝食時間帯のお客さまが多い店は客単価は下がります。また、居酒屋でも、リタイアした団塊の世代を目当てに15時から開店したりすると、客単価は降下します。当然ですね。

もうひとつ、店長の力量によっても客単価は変わります。力がある店長の店は、客単価が高いのです。従業員をきちっと訓練し、レベルの高いサービスを遂行している

と、客単価は自然に上がるものなのです。

最近のチェーングループは、できるだけ人件費を抑えて、サービスレスでも店が回るように努力している傾向がありますが、あれでは客単価は上がりません。訓練の行き届いた従業員ができるだけ頻度高くお客さまのテーブルに行き、お客さまの要望を引き出す。このことで、客単価が上がるのです。これも、当たり前の話ですね。中間バッシングをこまめに行い、飲み物のおかわりや料理の追加オーダーを受けることで、客単価は上がるのですから。テーブルの上に食器、皿がいっぱいに広がっている状態では、お客さまは追加注文をしなくなります。

まずは中間バッシング、次にトークです。従業員とのコミュニケーションが生まれると、お客さまの心は開かれ、「何か注文してみようかな」という気持ちになるものです。その時に、お客さまの状況に合わせて、リコメンド（おすすめ）をする料理やお酒が用意されているか。それができるように訓練されているか。これが問題になります。つまり、店の方針がまずあって、その方針に従って追加注文を取るように従業員が訓練されているかどうか、ということです。

たとえば居酒屋の場合、まだ主力メニューを注文したがっているお客さまと、最後の仕上げ（シメ）の一品を求めているお客さまが混在しています。テーブルごとに食事の進行度が違いますし、また客層の違いによっても求められるメニューは異なります。それぞれの「場」に合ったメニューを推奨するのは、相当なサービスレベルが要求されます。

「安い」「早い」「低原価」が追加メニューの3条件

いちばんいけないのは、客単価を無理に上げようとすることですね。標準客単価が3000円の店で、6000円支払う羽目になったお客さまの心境を考えてみてください。従業員の口車に乗って、必要以上に注文して法外な金額を払った時ぐらい「裏切られた感」を味わうことはありません。

メニュー開発をする時に、とくに力を入れなければならないのが、サイドメニューとデザートメニューです。ともに、サブベーシックメニューとしての看板メニューがつくられていなければなりません。「あの店に行ったら、仕上げはあれだよな」と大半のお客さまの心に刻印されるメニューを持っていれば、これはしめたものです。リコメンドしやすくなりますし、お客さまも当然のこととして、ごくごく自然に「それ、お願い」と注文します。このように主力ではないが、キラリと光るサブベーシックメニューを持つ店が、お客さまの来店頻度を高めてくれるものです。

すぐれたサブベーシックメニューの基本条件は、次の3つです。まずひとつは、低価格帯に集中していること。380円のデザートならば「注文してみようか」という気持ちになりますが、580円となると「やめときます」ということになります。抵抗なく注文できることを、英語で「アフォーダブル」と言うことは前に述べましたが、デザートやサイドメニューでは、このアフォーダブル・プライスが実現されていなければなりません。

「もう一品」の注文をどう取るか

次に、クイック提供ができること。いつまで経っても出てこないようなメニューは、お客さまを苛立たせるだけです。「さっきのあれ、キャンセルして」などという、トガッた言葉がお客さまの口から発せられるようでは、サブベーシックメニュー失格です。

3つめは、低原価率であること。客単価を上げて、原価率を降下させる。これがサブベーシックメニューの役割だからです。しかし、明らかに価値がないようなメニューを出していては失格です。お客さまには十分に満足を与えながら、結果として全体の原価率を下げる力を持っていなければならないのですから、その開発には相当な知恵と力量が必要です。

でも、繁盛店のサブベーシックメニューのいくつかを思い浮かべてみてください。結構な低原価であることがほとんどです。その秘密のひとつはポーション（量）。もうひとつは技術をともなった素材の組み合わせです。普通のバニラアイスに熱いチョコレートをかけただけで、倍以上の値段になるではないですか。コツはあれです。

冷たいものと熱いものを組み合わせるのは、外食業の特権です。

成功セオリー 19

食材、機器、技術の三拍子で看板商品をもっと強くする

味は変えない。質を変える

主力商品の磨き込みの大事さを、何度か指摘しましたが、「磨き込み」とは具体的に何をすることなのか。この再確認をしておきましょう。

「磨き込み」は、次のように大きく分解することができます。

①食材の質を上げる、組み合わせを変える
②調理工程を変える
③調理機器を変える
④調理技術を上げる

成功セオリー⑲
看板商品をもっと強くする方法

この4つです。

この4つで絶えざる改変と前進が必要だ、ということです。人気の売れ筋商品がだんだん売れなくなっていくことがよくありますね。「同じ材料を使って、同じ料理法でつくっているのに、なぜ?」と店主は考え込んでしまいますが、「それだから売れなくなるのです」と申し上げたい。一ヵ所に留まっていると、お客さまは必ず「まずくなった」と言います。進化、前進させている時だけ、「変わらなくていいね」と評価してくれます。そういうものなのです。

老舗の看板商品＝ロングセラー商品は、実は絶えず商品設計を変えています。まず素材を進化させているのです。一ヵ所に留まっていては、お客さまから見棄てられてしまうことを、老舗の経営者は知り抜いています。つまり、「味は変えない。しかし、質は上げる」ことです。これを日々実践している店だけが、人気店・繁盛店の地位を保っていけるのです。

まず、食材については「よいものは少ない」が原則です。これは人生全般にも言えることですね。「よい者（人）も少ない」ですからね。よい食材を見つけるためには、現地に自らの足で出向くこともひとつの選択肢《し》です。生産地や漁港に行って、直接生産者や漁師と会って話し合わなければなりません。彼らは自分でつくり、自分で獲《と》った食材に強い自負心を持っています。それらの食材に敬意を払わない人には絶対によいものを渡しません。また、よい情報を提供しません。彼らとの間に太い絆《きずな》を持つことで、情報量は飛躍的に高まり、よい食材がまさに芋づる式に引き寄せられてきます。しかも安い価格で。店の中に閉じこもっている限り、よい食材は手に入らず、商品価値の後退はまぬかれません。

バランスを調整しながら、食材の高質化を進めていく

食材を新しく組み合わせることも大事です。ひとつの食材の質が上がると、全体のバランスが変わってしまい、味が全然別の物になってしまいます。看板商品の原則は

成功セオリー⑲

看板商品をもっと強くする方法

「味は変えない」ですから、食材の組み立て直しが必要です。ひとつだけ突出してよい食材を使うと、バランスが崩れて「まずくなる」ことがしばしばあります。全部の食材をいっぺんに高質化することは難しいですから、ひとつの食材を変更するごとに、「味を変えない」ための微調整が必要になります。微調整をして味を調《ととの》えながら、少しずつ食材の質を上げていきます。

これをやり続けている限り、「見棄てられる」ことはありません。常連のお客さまは同じ物を食べているつもりですが、実際は徐々に高質化されたメニューを食べているのです。昔に出していたメニューを食べたら、きっと驚きます。「こんなまずいものを食べていたのか！」と。そのときに、一ヵ所に留まっていることのコワさを認識することになるでしょう。

量（ポーション）の変更も常に頭に入れておかなければなりません。ポーションが時代に合わなくなる、ということがしばしばあります。高質化かつ少量化が時代の流れですから、流れとしては「小型化」でしょう。しかし、量の多さが人気の秘密であることもしばしばありますので、無分別な小型化は人気急落につながりかねません。また、ポーションが味を変えてしまうことも、忘れてはなりません。まったく同じ食材を使ったものでも、量によって全然違う味の商品になってしまうことはよく知られています。ポーションを変えることは、商品を変えることだ、ということを肝に銘じておいてください。

調理とは、温度と時間の組み合わせです。同じ厨房設備、同じ調理機器を使っているのであれば、温度も時間も変えてはいけませんが、業界では次々と新しいマシンが開発され、日進月歩です。新しい機器の導入によって「よりおいしく」「よりスピーディに」「より少人数」で、同質(かそれ以上)のものをつくることができるのであれば、その導入をためらってはいけません。

コンベクションオーブンなどはその典型例ですね。ホテルの宴会など、短時間で同時に、しかも大量に料理を提供しなければならない施設にとって、今ではなくてはならないものになっています。

最新マシンの導入には、細心の注意が必要ですが、「いける」となったら、積極的になるべきです。

導入の指標は、

①変わらぬ味が再現できること
②味のバラつきをなくせること
③コストダウンが図れること（とくに人件費）
④他のメニューの調理に支障を与えないこと

この4つです。

最終調理の工程を残さなければならない

「看板商品をもっと強くする」話を続けます。看板商品は放っておくと、どんどん人気が下がっていくという話をしました。それを防ぐには、看板商品の改善・進化を常に心がけておかなければなりません。

具体的には、①食材、②キッチン機器・設備、③調理技術、この3つの不断の改善・進化です。

今の外食業では、調理のすべての過程を店舗で行わないケースが多々あります。店舗外で一次加工をしたり、食材の一部を外注品で代替《だいたい》したり、ということも珍しくありません。この調理の外部化をどこまで進めておくのか、という問題がまずあります。

たとえば、ハンバーグが看板商品であったとします。完全に成形までしたものをつくっておいて、注文が入ったときに「焼くだけ」という方式ですと、いちばんスムーズに提供できます。看板商品ですからオーダー数は多くなるので、遅滞《ちたい》のない提供は絶対に必要ですが、「焼くだけ」をやり続けていると必ず看板商品ではなくなります。つまり、売れなくなっていきます。

看板商品であるための絶対条件は、店舗での最終調理の領域があることです。ハンバーグでいえば、肉をミンチして、他の食材と混ぜ合わせて、〝あん〟の状態にして

成功セオリー⑲
看板商品をもっと強くする方法

おくまではやっておいてよいと思います。また、一定の成形をしておくこともまあいいでしょう。しかし、それを取り出し、手でたたいて最終成形する工程は「注文後」に残しておかなければなりません。店によっては焼きまで入れておいて、注文が入ったら電子レンジでチンして提供するという、とんでもない〝看板商品〟を持つ店もありますが、必ず売れなくなります。

どんなに売れても、いや、売れているからこそ、面倒くさい調理の最終工程を「注文後」に残しておかなければならないのです。キッチンが人手不足の店主は、絶えずそのことに注意を払っていなければなりません。キッチンのスタッフは、ともすれば簡便化、単純化に向かいがちです。調理工程の順番を変えてしまうことさえあります。結果、できあがった料理のクオリティに大きな違いが生まれます。これまで同じ工程で調理されているとばかり思っていたものが、現場で勝手に変えられて、裏マニュアルができあがっていて、まったく似て非なる看板商品が提供されているということが、しばしばあるのです。

調理工程に常に目を光らせること。そして、商品のスタンダード（あるべき姿）を明確にしておくこと。これが看板商品を守るための鉄則であります。

看板商品でもっとも大事なことは、「均質」であること

逆に言えば、味が変わらなければ（あるいはよくなるのであれば）、工程は単純化しても、簡略化しても、外部化しても構わないということです。それも、看板商品の改善・進化のワンステップであると考えるべきです。単純化・簡略化・外部化は、キッチンスタッフの負担軽減につながるばかりではありません。バラつきを小さくすることにも直結します。

看板商品に対してよく生じるクレームは、「いつもできが違う」です。バラつきこそ、看板商品の致命傷です。そのバラつきを抑えるためには、店舗での最終加工の領域を小さくすることです。つまり、小さくしながらも味を変えない（質を上げる）ために

成功セオリー⑲
看板商品をもっと強くする方法

はどうしたらよいか。そのことを、店主は常に考えておかなければなりません。

私も、ずいぶん難しいことを言っています。注文を受けてからつくる領域を狭めて、バラつきなくスムーズに提供する仕組みを持つべきである、と言っている一方で、最終加工こそが最終価値を生み出すもっとも重要なポイントだ、とも言っているのですから。

でも、誰もが認める看板商品というものは、この難関をクリアして生き延びたものばかりです。これによって、均質提供（いつも同じ中身、同じ状態で提供）が可能になるのです。こういう磐石《ばんじゃく》なメニューを持っている一方で、外食業は絶えず新しいものを提供し続けていかなければなりません。先述のように、旬のメニュー、トレンドメニュー、実験メニューをいつも出し続けることによって、来店客を刺激し続けなければならない宿命を持っているのです。つまり、フェアメニューを打ち出し続けなければなりません。このメニュー開発にも担当者はエネルギーを注ぎ続ける必要があります。フェアでも、絶えざるヒットを打たなければならないのですから大変です。

しかし、フェアメニューで大事なことは、ホームランを打ってはいけないということです。ホームランとは、看板商品のオーダー数を減らすようなバカ売れメニューということです。フェアメニューがいくら売れても、看板商品はビクともしない、という形でなければなりません。また、フェアによる客数増は、通常の客数に加算されるようになっていなければならず、看板商品の注文減をもたらす状態になってはいけません。

フェアメニューにホームランが出てしまったというのは、看板商品が弱い、ということの表れです。フェアメニューごときにお客さまを奪われる料理は、そもそも看板商品の資格がないということです。どこか弱点が残っている、ということに他なりません。それでもフェアメニューが売れて売れて…ということであれば、文字通り「看板を替える」必要があります。

成功セオリー
20

「店で調理人がつくる」という“やっかいさ”が最大の武器

チェーングループでも調理人の技能を見直し始めた

チェーングループは、店からプロの調理人を追い出すことによって大きくなりました。チェーンは、「チェーン」というぐらいですから、店が増えなければチェーンにはなりません。調理人を育てながら店数を増やしていくのは難しいし、調理人の技能の差という問題がありますから、チェーン店においてプロの調理人がいることは、均質な商品を出すためのネックになります。ですからチェーンは、工販分離（「つくる」と「売る」を分ける）とプロ料理人不用の道を採らざるを得なかったのです。

しかし、最近はちょっと風向きが変わってきました。コンビニがレベルの高いプライベートブランド（ＰＢ）食品群を矢継ぎ早に打ち出し、その数も増やし、さらにはそうざいや弁当の配送回数を増やし、鮮度が飛躍的に高まりました。これらの商品群が、ファストフードやレストランチェーンのお客さまを奪い始めたのです。わざわざ外食チェーンに行かなくても、同じレベルか、時にはそれ以上のレベルの商品が手に入るのですから、コンビニに足が向かうのは当然のことです。外食チェーンの工販分離のシステムが、これまでのようには機能しなくなってきた、と言っていいでしょう。

そこで、志《こころざし》の高い外食チェーンでは、調理人の社内育成に取り組み始めました。調理人の技能が生み出す価値の高い料理が、質の面でコンビニの商品群と決定的な差を生むという認識を持ったのです。もちろん、古い徒弟制度に戻って、昔ながらの調理人を育成しようということではありません。限定された技能領域を短期間で修得できるように、社内プログラムにしたがって育成することを開始しました。一部のチェーンですが、方向転換を始めたのです。

店舗調理が最大の武器

ただ、こういう動きがあるのに、いくつかのブランドを持つ比較的規模の小さい外食業や個店までが、チェーンの真似をして〝コックレス〟の方向に向かっているのは由々《ゆゆ》しき事態です。確かに、従来型の料理人を育成するのは時間がかかるし、修業の苦しさに負けて店を離れていく若者も後を絶ちません。「こんなかったるいこと（調理人を育てること）をやっていられるか」と、店の主人が堪忍袋の緒《お》を切らせて、できあいの一時加工食品を使って簡便に料理をつくってしまう傾向が生まれています。今、外食業界は、未曾有の人手不足の時代に入っていますから、止むを得ずコックレスの方向に向かっている経営者も少なくありません。

利益も効率も、追い過ぎると逃げていく

しかし、単独ブランドグループや個人店が、チェーンとは別のファンを得ているのは、店にプロの料理人がいて、いい素材を使って手の込んだ上質の料理をつくり、で

きたてのアツアツ（冷たいものは冷たい温度で）をお客さまに提供できているからです。これに質の高いキメの細かいサービスを付け加えてもいいでしょう。要するに、面倒くさいことを手抜きすることなく、しっかりやっているから、チェーンと〝対決〟できているのです。これこそが、小規模グループや個人店の武器であるのに、それを放棄してしまったら、強さと独自性が失われてしまいます。また、この店舗調理という武器をしっかり守って、その土俵から離れなければ、コンビニの攻勢などに負けることもありません。

チェーンが調理人の調理力を見直しつつあると先述しましたが、それは限定的にならざるを得ません。小規模グループ・個店が優位に立つためには、より高度な調理技能を内包させて、その能力を日々の営業で全開させるより他に道はありません。困難を伴いますが、そこが存在理由なのですから、間違っても簡便で安易な道に進んではいけないのです。この点を、よくよく肝《きも》に銘じてください。チェーンというのは、ごく一部の例外を除いて、客単価２０００円以上の市場に足を踏み入れることはできま

成功セオリー⑳

店舗調理が最大の武器

せん。

それに、チェーングループの夜の時間帯の集客力はますます弱くなっています。夜は、コンビニやスーパーのそうざい売場の商品で簡便にすますか、ちょっとフンパツして良質な小規模グループ・個店で豊かな食事を楽しむか、その二極化が進んで、総じて夜に関してはチェーン店の集客力が弱まっているのです。

外食業界において、小規模グループ・個店がどのような立ち位置にあるのか、おわかりいただけたと思います。確かに、店に調理技能をキープし、それを絶えず磨いていくということは大変で、簡単には収益力は上がりません。しかし、ここがチェーンがなかなか立ち入れない領域なのですから、踏ん張らないわけにはいきません。

安易な道に進んで、利益を追い過ぎないことです。前にも述べてきましたが、追い過ぎると利益は逃げていきます。効率を求め過ぎないことです。

成功セオリー 21

"from home"の三世代ファミリーを捉える

"from office"、"from school"のお客さまはどんどん減る

外食業の特徴のひとつは「寿命」が短いことです。新しい飲食店は次々に生まれますが、5年もつ店は3割と言われています。チェーン店も盛衰が激しく、ひとつのブランドのはじけるような成長期は3年です。

他の業界と違って、いつも新トレンド店や新チェーンが参入してきます。その反面、「退場」する個店やチェーン店も後を絶ちません。常に追い立てられているような状況で、安泰ということがありません。よい見方をすれば、anytime chanceful（いつもチャンスがある）で、not too late（遅すぎるということがない）という希望に満ち

たビジネスフィールドということになります。つまり、時代を読む、時流を見極める、時流に乗る、ということが非常に大事なビジネスです。少しでも目を離していると、足元をすくわれることになります。

今の時流の底にあるものは、高齢化社会です。団塊の世代という最大の消費層が70歳代に入ってしまいました。そしてすでに全人口の4分の1が、65歳以上になってしまったのです。生産年齢人口から団塊世代は外れてしまいました。すでに、労働市場からこの世代はほぼ消滅しかかっていますが、この変化は大きいです。最大規模の人口層が稼がない世代になったのですから。

また、いわゆる居酒屋市場は縮小しています。若者が昔のようにお酒を飲まなくなったことが、その原因のひとつとして挙げられますが、最大の原因は、from office、from school（職場から、学校から）飲食店に向かう人口が減っていることにあります。そのかわり、from home（家から）の飲食市場は堅調です。

これによって「売れる立地」の激変が起こっているのです。簡単に言いますと、土曜・日曜に商売できない立地（たとえば、オフィス街や学生街）は、これからますます厳しくなるということですね。居酒屋チェーンでは、この変化をいち早く察知して、from home の市場を取れる立地（たとえば、ＪＲや私鉄沿線の駅前やエキチカ）に店を移動させています。自宅から来店する三世代ファミリーを呼び込もうという作戦です。つまり、ファミリーに支持される店に変身するということです。しかし、ただ場所を変えればよいというものではありません。ファミリーのニーズに適合するように、メニューはもちろん、商売の中身そのものを変えなければなりません。

〝from home〟に変身させる6つのポイント

もちろん業態などによって狙う客層は千差万別ですが、「売れる立地」に移ってお店を変身させる際のポイントは次の通りです。

①客単価の発想を、組単価に変える

“from home”の三世代ファミリーを捉える

ファミリーでいくら支払えるか。その支払い可能単価を探らなければなりません。財布はひとつなのです。ファミリーに割り勘はありません。

②客層構成を考える

地域によりますが、「一家族4人以上」という構成が増える傾向にあります。二世代・三世代型ですね。個室ニーズが圧倒的に高くなっています。

③深夜よりも朝食、ランチを重視

from home の朝食、ランチ市場がぶ厚く存在します。一方、20時過ぎの来店客は激減しています。

④アルコール依存度を下げる

売り上げの40％がアルコールで占めるようなことは、なくなります。上限が20％前後でしょう。ハードリカー（ウイスキー、ウォッカ、ジンなどの蒸留酒）はあまり出ません。アルコール比率の減少により、当然メニュー内容の変更が求められます。

⑤家族がシェアして楽しめるメニューが、より求められる

二世代、三世代がシェアできて、それぞれが満足できるメニューが目玉にならなければなりません。和、洋、中華、シェア可能なメニューは無尽蔵にあります。

⑥子供にうけるメニュー

子供（孫）客が来店するというのが、これまでと根本的に違うところです。子供が「また行こう」と言い出すマグネットがなければいけないということです。そのマグネットは食べ物とは限りません。ワッと喜ばせるイベントや仕掛けがマグネットになることもあります。

このような改造がうまくいくと、from home の家族客を自店へ引き込むことが可能になります。立地が変わるということは、商売の中身が全部変わるということですから、よほどの覚悟を持って「変身」に取り組まないと、成功はおぼつきません。

とにかく、基本は家族に支持されるということです。そして繰り返しますが、平日と土日・祝日の客層はガラリと変わります。その変化についていけるビジネスへの変身ができているかどうか。ここが成否の分かれ目です。

成功セオリー 22

営業時間を延ばして、成功した店は少ない

それぞれの時間帯にプロが存在する

営業時間というものに対して、無頓着な経営者が多すぎます。商売の中身と営業時間が合っていないことが多過ぎるのです。

ある喫茶店の店主が、夜の営業時間を延ばして、売り上げを伸ばしたいと私に相談をしてきました。「プロントなんか、昼も夜もはやっているじゃないですか。『二毛作』(昼と夜で業態が変わる営業スタイル)ってやつですか。うちも夜はお酒を出せば、それができると思うのですがね」。もちろん私は即座にきっぱりと「おやめなさい」と言いました。夜は夜で厳しい競争相手がいるのです。「アルコール商売をやったこ

ともないのに、慣れない商売に手を染めなさんな」と忠告しました。
　そして店主に聞きました。
私「朝は何時からやっているの？」
店主「9時からです」
私「それを8時とか、7時とかに早めなさい。そのほうが売り上げは上がります」
店主「朝は単価が取れなくてね。いくらにもならんのですわ」
　店主はブツブツ文句を言っていましたが、案外素直な人で、モーニングメニューを充実させて、開店を7時からにしてみたところ、朝食帯の大繁盛店になりました。常連客もしっかり増えたということです。夜は20時まででしたが、「身体が持たない」ということで、19時閉店にしました。正しい選択ですね。
　こういう例もあります。ランチとディナーをやっていたフランス料理店が、ランチをやめてディナー一本にしました。料理は５５００円のワンコースのみ。もともと人気店で、ランチは連日予約が取れない店でした。そのランチをやめるのですから、勇気がいったと思います。ただ、そのかわり、ディナーを17時30分〜と、19時30分〜の二部制にしました。従来は5800円から8800円までのコースがあり、そのほかにアラカルト（一品料理）も出していました。それを5500円のコースのみにするのも、勇気が必要だったでしょう。

果たして結果は？

大成功です。毎日満席で、ワインも2000円台、3000円台を充実させたおかげで、出数が倍増して結局、客単価も上がりました。ただし、このフランス料理店も、次のステージは考えておかなければいけないでしょう。いくらコースのメニュー内容を変えても、お客さまはいずれ「5500円コースのみ」のメニューに満足しなくなります。フランス料理の真骨頂は、アラカルトにあるのですから、コース料理は残しても、アラカルトを再導入しなければならない時が必ず来ます。しかし、夜の営業に絞るという作戦は、みごとに成功したのです。

メニュー数を少なくする、価格数を減らす、営業時間を縮める

時短の効果は、厨房もフロアも集中力が途切れないところにあります。コーヒーショップのような店は、前述のように「牛のよだれ」型が適していますが、一般的には営業時間を延ばしていると、稼ぎ時のコアタイムもパワーダウンしてしまいがちです。長時間営業のコワさは、まさにここにあります。

居酒屋がランチに手を出すのも危険です。多くの店にとって、ランチは短時間の価格勝負の商売です。居酒屋はこの分野ではまったくの素人。ランチはランチのプロがひしめいているのです。低価格を打ち出せればお客さまが来る、とばかりに安易なメニューを出してお茶を濁していると、店の評判が落ちて、肝心の夜の客数が落ちていきます。慣れないことはやるな。得意なことをとことん突き詰めよ。これは飲食に限らず、あらゆる商売に共通する鉄則です。

立地と商売の中身をじっくりと検証して、今の営業時間が適合しているかを確認す

べきです。ズレている店があまりにも多すぎるのです。「いや〜、今の営業時間で売り上げはこれ以上いきません。パンパンなんですわ。（売り上げを伸ばすには）営業時間を延ばすより他はありません」と言う経営者がいますが、ピークタイムをパンパンに売っているという認識自体が間違っています。売れている時間にこそ、チャンスロスがいっぱいあります。このことは、私はこの本のなかで何度も言い続けています。強い時間をさらに強くすることに心血《しんけつ》を注がなければなりません。

経営者がいつも考えていなければならないことは3つ。ひとつは、メニュー数をもっと削れないものか。2つ目は、価格帯（プライスゾーン）をもっと圧縮できないものか。3つ目が、営業時間をもっと短縮できないものかどうか。

どうですか。やっていることは、あるいは考えていることは、これとまったく逆なことではありませんか？　逆の道に進んで繁盛店になった店は、ありません。

成功セオリー 23

目先の銭を追うな！・忘年会シーズンは、翌年の客数が伸びたら成功！

たいていの店が評判だけを落とす

飲食店では、12月が勝負という業種が多いものです。年末は一年の総決算、ここぞかき入れ時と、やたらに張り切っている経営者が目立つ時期ですが、たいていは空振りに終わります。

なぜか。何を達成したいかの目標がないからです。「目標？ありますよ。しっかり売って、しっかり儲けること、これ以外にあるわけがないじゃありませんか」と、口をとんがらして反論する店主・経営者がいますが、それを目標にするから失敗に帰することが多いのです。

成功セオリー㉓

販促で目先の銭を追うな

では、目標はどこに置くべきでしょうか。決まっています。「店を知ってもらうこと」「店の評判を上げること」、これに尽きます。忘年会のシーズン（だけではなく、年間を通じての繁忙期。ファミリーレストランならば7〜8月ですね）は、初めて来店するお客さまがいちばん多い時期です。そのお客さまが「おっ、いいじゃん。また来よう」と思うか、それとも「二度と来るもんか」と思うか。分かれ道に立たされる時になります。

かき入れ時というと、客単価アップを狙い、価格の高い季節の新メニューを導入する店がありますが、これは最悪の策です。普段つくっていないメニューですから、調理のスキルが安定しておらず、品質にバラツキが出ます。メチャクチャ質の悪いメニューで、しかも高い。そんなものを押し付けられたお客さまはたまったものではありません。「高くてマズい店」の評価が下され、「二度と足を運ばない店」として頭のなかにインプットされます。この時期にやるべきことは、店の武器となっていて人気も高い看板メニューを、さらに広く深く定着させることです。店の価値を徹底的にアピールし、お客さまにマイ・フェイバリット（お気に入りの店）としてエントリーしてもらうことです。

もちろん、シーズン期にちょっと高めの新メニューを売って、売り上げを伸ばすことは否定しませんが、主眼は、店のいちばん強いところをお客さまに徹底的にアピールすることです。

なじみのお客さまがさらなるファンになるシーズン

忘年会などのハイシーズンの目標は、店の評判を上げ、その後の客数を伸ばすことです。ですから、成功か失敗かの判断の基準は、「その後」客数が伸び基調に向かっているかどうか、に置かなければなりません。忘年会シーズンはワンサワンサお客さまが来て儲かったけれども、年が明けたら客足がぱったりと途絶えた…、という店にしばしば遭遇します。悪い評判だけを残した典型ですね。

成功セオリー㉓
販促で目先の銭を追うな

ですから、忘年会の作戦を立てる大前提は、翌年の一年間を通じて客数を何％伸ばすか、その具体的な目標が設定されていなければなりません。それも、「客単価を据え置いて、通年で客数を１０３％にする」とか、「客単価は５％下げて、客数を１１０％にする」とか、「客単価も客数も１０５％にする」とか、客単価と客数の具体的な目標がなければなりません。多くのチェーン店はこの目標を持っています。

とはいえ、一般的に言って、客単価も客数も上げるというのは至難のワザです。客数増というと、新しいお客さまが増えることと考えている経営者が多いのですが、それは間違っています。客数増の内実を調べてみますと、その８割（商売の内容や立地によって変わりますが）は、既存の固定客の来店頻度が上がることで達成されているのです。なじみのお客さまがこれまで以上のファンになってくれる。より頻度高く使ってくれる。これが客数増の中身なのです。ところが、なじみのお客さまがいちばん失望して「二度と来るか」と決意するのも忘年会などのハイシーズンです。サービスは荒れに荒れ、無愛想な対応をされ、提供時間は遅れ、日頃の品質とは似ても似つかないものが提供される。これでは、「二度と来ないぞ」と決意されても仕方がありません。ハイシーズンのもっとも大事なことは、常連客の満足度を日頃以上に高めること、こう言い切ってよいでしょう。そこで、日頃気が付かなかった店の魅力をさらに知ってもらえれば、言うことはありません。

また、ハイシーズンは通常よりも来店客が多いことを想定して、キッチン・ホールスタッフを増員し過ぎるのも考えものです。既存戦力で繁忙期を乗り切ることで、調理のスキル、サービスのレベル、店全体の有機的な結束力が一段上がり、より高次のオペレーション能力を身に付けることもできます。このことも目標としなければなりません。繁忙期を（ほぼ）既存のメンバーで乗り切ったという経験は、働く人全員に自信を与え、それが何にも代えがたい財産となります。

一人ひとりが〝多能工〟になること。調理とサービスの個々の才能が有機的に結びつくこと。そして何よりも、その忙しさの中で、飲食という仕事の楽しさを共有すること。こういうことで、外食の生産性は高められるのです。

成功セオリー㉓
販促で目先の銭を追うな

目先の銭を追って、店の評判をガタ落ちさせ、消えていった店が山ほどあります。
その道をたどってはなりません。

成功セオリー 24

店長には売り上げ責任も利益責任もない

店長の責任は、「客数」と「客単価」と「トレーナーづくり」だけ

今章は、複数の店舗を経営するオーナーに向けてのメッセージです。私から見ると、やってはいけないことをやり過ぎています。もともと優れたものを持っていたのに、経営力のなさから転落していくケースがあまりに多いのです。それぞれの店には、運営の責任者である店長がいるわけですが、この店長たちに要求してはいけないことを要求しているのです。

まずは、各店長に売り上げをアップする責任を負わせること。これはやってはいけません。また、店長には利益を出す責任も負わせてはいけないのです。店長が負わな

成功セオリー㉔
店長には売り上げ責任も利益責任もない

ければならないのは、状態責任です。店のあるべき姿を追求して、結果として客数を増やす。その責任だけです。確実に来店客数を伸ばしている店長、これがいい店長です。店長の評価は、客数を伸ばすこと、そして客単価を「少し」上げること、そして時間帯をまかせられるパワフルなトレーナーを育成すること、この3つだけです。

売り上げの責任を負わせると、無理に客単価を上げる行動にでます。また、あまりお金を落とさないお客を粗略に扱ったりします。常連客というのは、店の使い方の上手なお客です。つまり無駄な金は使いません。いちばん大事なお客さまを、店長は大事にしなくなります。平均客単価よりもはるかに高い金額を使うお客さまというのは、店のフォーマットを壊すエイリアンのような存在ですから、危険なのです。売り上げ責任を課せられた店長は、こういうエイリアンを大事に扱ってしまい、店を破滅の道に向かわせます。だから、店長には売り上げ責任を課してはなりません。

利益責任を課すのはもっと危険です。外食業というのは、店側で利益調整ができてしまう、デリケートなビジネスです。材料の質を落としたり、廃棄すべきものを使ってしまったり、量目を減らしたりすることで原価率は劇的に下がります。また、従業員の数を減らすことで、人件費率もあっという間に下落します。これで短期的な利益は確保できてしまうのがコワいところです。

これらが地獄への一里塚であることは、誰が見ても明らかですね。商品の中身と、調理サービスのレベルがダウンするのですから、店の提供する価値が下がり、当然客数が落ちていきます。こんなバカなことを許す経営者がいるはずがないと思うでしょうが、結構いるんですね。

原価率、人件費率が急落したら要警戒

やがて客数は徐々に下がります。一度にドーンとは落ちないものです。人気が下落している事実には目が向かわずに、利益が上がっているという目先の変化に目を奪われて、経営者は、前述の戦術を使ってやってはいけないことをやって利益を出して

成功セオリー㉔
店長には売り上げ責任も利益責任もない

しまった店長を評価してしまうのです。商品力が落ち、サービスの質が低下している。こんなことは店を注視していれば一目瞭然なのに、一瞬の利益増に目を奪われてしまうのですね。

もっと巧妙な手を使う店長もいます。巧妙な店長は、原価率の低いメニューを強調したり、単価の高いメニューを推奨したりして注文数を増やし、全体の原価率を下げます。このやり方は、利益を適正に上げる技術として、戦術的に行われることもあるのですが、店長がただ原価率を下げるためだけにやってはいけません。売れ筋が変わってしまい、店のフォーマットそのものが崩れます。

また、キッチンの（やってはいけない）合理化を進める店長も出てきます。開店前の仕込み、つくり置きなどに時間を割《さ》けば、営業時間中の人件費は下がり、あまつさえ提供時間も早まり、客席回転率が上がります。有能な店長は、開店前の準備に力を入れます。これ自体は、店長として追求しなければならない大事な仕事なのですが、やり過ぎることで商品価値が下落するのであれば「NO」です。

鮮度が落ちたサラダ、電子レンジで再加熱したメニュー群、開店前にまとめて淹《い》れたコーヒー。開店前に盛り付けまでした刺身。出してはいけないメニューで評判を落とす店はゴロゴロしています。それを回避するためには、営業前にやっておく仕込み、つくり置きの作業と、注文を受けてから動き出す作業の、〝腑《ふ》分け〟(分別)が必要です。これは、経営者の仕事です。店長の裁量にまかせてはいけません。

その腑分けの基準は、商品のスタンダード（標準）です。どういう状態で提供しなければならないか、個々のメニューにスタンダードが明確に記され、それが店長以下の全従業員に徹底されていなければなりません。商品のスタンダードを毀損《きそん》する合理化は厳罰ものです。

客数は、お店の支持率を表す唯一のバロメーターです。客数を伸ばしている店長だけが、商品の質、サービスのレベルを落とさずに、つまり真っ当な営業活動を追求して、支持率を高めているのです。

原価率が急落したり、人件費が急に少なくなったら、要警戒です。目先の利益確保のために店長が禁じ手を使っている可能性が大だからです。そんな店長を間違っても評価をしてはいけません。

成功セオリー 25

店長の複数店舗管理は絶対にやってはいけない

複数店管理で成功した例はひとつもない

〝店長にやらせてはいけないこと〟第2弾です。前章では、「店長には売り上げ責任・利益責任を負わせてはいけない」という話をしました。店長の仕事は、Q（Quality／商品の品質）、S（Service／サービスのレベル）、C（Cleanliness／スカッとした清潔さ）のスタンダードをきちっと守ること。そして店の支持を高め、お客さまの数を増やすこと。これだけです。

さて、この章のテーマとして「一人の店長に複数店舗を管理させてはいけない」という話をします。飲食店を複数経営していて、1店舗の売上高が小さいと、それぞれ

成功セオリー㉕
店長の複数店舗管理は絶対に「NO」

の店に店長を置くことができず、複数店舗をまかせることがよくありますね。月商600万円以上ないと、正社員の店長はなかなか置きづらい。そのため、一人の店長に、2店舗、3店舗、あるいはそれ以上の店舗を管理させよう、ということになります。複数店を経営する経営者ならば、誰でも一度は考えるのではないでしょうか。

チェーン店でも、複数店管理を導入するケースがしばしばありますが、たいてい失敗します。アメリカのチェーン店でも、この組織形態を導入して成功した例はほとんどありません。このことは、よくよく肝に銘じておかなければなりません。

店長は一国一城の主《あるじ》です。「この城を守れ」と言われて、はじめて力を発揮できるのです。その城（店）の商圏内の顧客を、日々の営業でコツコツと増やし、来店頻度を高め、商圏内の人気を上げていく。この目標が明確になった時のみに、自分の〝店長力〟を鍛えることに専心できるものです。そして、店で働く人のスキルと結束力を高め、営業力を一歩一歩上げていきます。複数店舗をまかされていては、この〝店長力〟を高めることが、つまりは店の戦力を高めることができません。

繰り返します。複数店管理で成功した例《ためし》はほとんどありません。

それでは、売り上げ過少店をコントロールするには、どのようにしたらよいのでしょうか。

パート・アルバイト店長制が成功する方法

それには、優秀なパート・アルバイト（ＰＡ）を店長にするしかありません。これがまた難事業なのですね。ＰＡはいても、「優秀な」が付くＰＡはなかなかいません。また、いくら優秀であっても、長期間、ほぼフルタイムで働けるＰＡはさらに少ない。だから、まず学生は除外しなければなりません。

狙いは、店の商圏内かその近くに住む主婦です。収入が家計の必須財源になっているような人でないと、長期間働くことはありません。正社員にはなりたくない（転勤などができない）質の高いフリーターも候補者になります。意欲があって、作業の完

成功セオリー㉕
店長の複数店舗管理は絶対に「NO」

全熟知者で、教え上手で、統率力があるPA。そして何よりも、店を愛しているPA。
こういう人をPA店長にすれば、正社員でなくても店舗管理は可能です。
優秀なPAを「釣り上げる」方法を詳細に書くと、次のようになります。

・実際に働いている（正社員同様の勤務日数で働いている）PAの中から選び出す。
・白羽の矢を立てたら、社長が口説く。
・家庭の事情(子育て等)をよく知っておき、会社がフォローできるようにする。そして、それを保証する。
・準社員として一定の年収と昇給を保証する。
・準社員として、ボーナスを保証する。
・一定の成果報酬を認める（過度の報酬はNG）。

つまり、生涯骨を埋める覚悟を引き出せるかどうか、がポイントですね。休みの日に、家族や友人を自分の働いている店に連れて来るPAは、有力な店長候補です。店を愛している証拠ですから。

ＰＡ店長の上司は、スーパーバイザー（ＳＶ）あるいは地区長か、営業部長になります。ですから、そのＳＶ、地区長、営業部長が個々のＰＡ店長の、諸々の（家庭の）事情を十分に把握していなければなりません。子供が熱を出した時、学校の行事がある時は、彼らがフォローに入らなければなりません。ＰＡ店長にとっていちばん頼りになる存在でなければならない、ということです。

ＰＡ店長は基本的に地元住民ですから、店のよい評判も悪い評判も、広めるのは彼（彼女）らです。そして、悪い評判は即広がり、一気に客数減につながります。諸刃《もろは》の剣《つるぎ》的な存在の店長ですから、よほどキメ細かい対応をしないと、悪い影響（客数減）が即表面化します。

それから、ＰＡの時給アップや採用を、ＰＡ店長にまかせてはなりません。それは、ＳＶや営業部長の仕事です。ワークスケジュール（勤務予定表）づくりはまかせてもよいですが、最終決定権は持たせてはなりません。絶えず「わが店のスタンダード」を教え込み、自己流で店舗を運営させないことが、いちばん大切なことです。

成功セオリー㉕

店長の複数店舗管理は絶対に「NO」

店の業態や規模にもよりますが、ＰＡ店長制は会社のひとつのキャリアコースとして、確立されていなければなりません。また、ＰＡ店長から正社員になる道も拓《ひら》かれていなければなりません。

成功セオリー 26

店をサークル活動の場にすれば、PAは辞めない

採用を店長まかせにするから、人手不足が慢性化する

「人が足りない」。「採用してもすぐ辞める」。景気が少し上向きになると、外食業はとたんに人手不足に苦しみはじめます。

「辞めてしまう」のは、もともと外食業に適性を持った人を雇っていないことが、ひとつの理由として挙げられます。そもそも、採用してはいけない人を雇っているのです。複数店舗を経営している経営者の場合、「採用は店長にまかせている」と公言してはばからない人がいます。まさか正社員の採用を店長にまかせているということはないでしょうが、パート・アルバイト（PA）は「店長に一任」というケースが非

成功セオリー㉖
店が楽しければPAは辞めない

常に多い。これはとんでもない間違いです。外食業は粗利益率の高いビジネス（多くの場合、売り上げの3分の2は粗利）ですが、それは店舗で（調理とサービスによって）最終価値を生み出すビジネスだからです。つまり、店舗段階の人件費がかかるのです。

これは別言すれば、外食業はヒューマンビジネスだ、ということです。店で働く人たちが、その働きによって価値を創出する。その人たちの〝価値づくり力〟によって、店の人気が高くもなり、低くもなるビジネスです。だから、普通の小売業以上に、PAの採用に細心の注意を払わなければなりません。まずは、細心の注意を払って、応募者の中から適性と潜在能力の高い人材を見つけ出さなければなりません。

店長は、目先の人手不足を解消したいというところに気持ちがいってしまいますから、来る人を拒まず、誰でも採用してしまいがちです。そんな状態ですから、すぐ辞めてしまい、また募集費を使って採用して、また辞める。この繰り返しです。店長は、「これが普通」と思っているのでしょうが、まずは採用担当者をかえて、この悪い循環を断ち切らなければなりません。

ＰＡであっても、採用は店主（社長）自らがやらなければなりません。店舗数が増えても、エリアが広がらないのであれば、10店舗までの採用は店主（社長）ができるはずです。店が4～5店舗に増えたあたりでこの仕事を放棄してしまうのは、とんでもない考え違いというものです。止むを得ず採用に立ち会えない場合でも、社長業を代行できる〝ナンバー2〟の人間（たいていは営業部長）が店に出向いて行って、面接官とならなければなりません。

興味と向上心を刺激すれば、定着率は一気に上がる

頭がよくても、学校の成績がよくても、外食業にまったく向かない人はいるものです。逆に勉強は苦手でも、この人は外食業のために生まれてきたのか、という適性保持者も多くいます。ハキハキしていて明るくて、外交的で、物おじしない。（いい意味で）叱られてもケロッとしている。こういう人を採用すべきなのに、店長は「俺のコント

成功セオリー㉖
店が楽しければPAは辞めない

ロールにあまるかも…」と考え、不採用にしてしまったりします。自分の立場や都合で考えがちなのが店長、ということをまず認識しておいたほうがいいでしょう。

適性としていちばん大事なのは、協調性です。スッと溶け込めるということです。これは厨房のスタッフも同様で、素直で、上司の無理難題にも耐えるタフさも持っている人物が、外食業では長続きします。また、調理・料理に関心があることも協調性と同様に重要です。たとえ関心がなくても、ちょっと刺激すると、関心が引き出されるものですが、まったく関心がないという人も、なかにはいるものです。食べ物や料理にまったく興味がない人は、やはり採用してはいけません。

大事なことは〝刺激〟です。そのひとつの例として、PAの関心の扉を開けるためにはキッチンの開放が不可欠です。キッチンを聖域化しないで、自由に出入りできる状況をつくる。そして、初歩的な調理の手ほどきもすることです。「足手《あしで》まといになるだけだ」と思われるでしょう。確かに、最初は足手まといになりますが、辛抱強く教え込んでいくと、ある段階から戦力になっていきます。しかし、単なる雑用係として扱ってはなりません。

まだるっこしいようですが、店内で料理教室を定期的に開くのが、実は定着率をいちばん高めます。この場合、友だちを連れてきてもよいことにします（人数は制限する）。そうすると、その友だちも店で働きたがることも多いのです。急がば回れ、です。

人に教えることで、既存の厨房メンバーが「自分たちの調理技術を上げねば」、という気持ちになりますし、よどんでいたり、時にはいがみ合っている厨房の空気が一変します。この作戦での成否は、身もフタもない言い方ですが、教える人（調理長）の人格ひとつにかかっています。人に教えることを極度に嫌う人、度量の狭い人、プライドが高すぎる人はダメです。

結論は、店を学校、あるいはサークル活動の場にすることです。単なる時給稼ぎの場にしないことによって、店で働くことが苦痛ではなく、楽しみに変わります。人間には向上心があります。また、何か特別なスキルを修得したい、という強い欲望があります。この2つをまったく刺激されない仕事は、長くは続けられません。

成功セオリー㉖

店が楽しければPAは辞めない

ある日本料理店では、茶道、着付け、生け花の教室を月に1回、店で開いています。PAは自由参加です。もちろん無料。先生、師匠を店に呼ばなければならないのでコストがかかりますが、〝人不足〟で悩んだことは一度もない、とその店の主人が言っていました。

成功セオリー
27

ベテランが、新人の教育・訓練者になる仕組み

何も教えないから、パート・アルバイトは去っていく

以前私は、ある外食専門誌で「なぜあなたは辞めたのですか」というアンケートを、パート・アルバイト（ＰＡ）２５０人にしたことがありました。２５０人の８割が女性、また7割が大学生・専門学校生でした。

そこで実に興味深い結果が出ました。辞めた理由でいちばん多かった回答は何だったと思いますか？　なんと！「何も教えてくれなかった」なのです。そして2番目が「ヒマだった」。私は意外の感に打たれました。

ヒマでブラブラしていれば時給がもらえる。こんな結構なことはないではないか、

とも思われますが、そんなことはないんですね。ＰＡも何か技術を身に付けたがっているのです。前章で述べたように、向上心というものがあるのです。その向上心を満足させてくれない店からは、ＰＡも去っていくということです。

ＰＡに定着してもらおうと、はれ物に触るような対応をする店長がいます。「忙しい時に手伝ってくれればいいから」と言わんばかりに、サービスの技術も何も教えずに、放たらかしにする。これがいちばん悪いのです。２番目の理由の「ヒマだった」も、実は同じ回答なのです。何も教えてくれない→どう動いていいかわからない→ブラブラしている。これが〝ヒマ〟の実態です。忙しいのにお客の呼ぶ声を無視して、パントリーでペチャクチャとおしゃべりをしているＰＡをよく見かけます。「とんでもない男（女）だ」と、お客さまは怒り心頭ですが、これはＰＡが悪いのではありません。何も教えていない店長（店主）がすべて悪いのです。

教育・訓練は、一人ひとりのＰＡに対して個別に施《ほどこ》していかなければなりません。その手順は、①（店長が）やってみる、②（ＰＡに）やらせてみる、③直す、④再度やらせる、⑤褒《ほ》める、です。まずお手本を示す。そして、最後に褒める。ここが肝心なところです。つまり店長は、作業の完全習熟者でなければなりません。店で必要なすべての作業について、人にお手本が示せるまでに完璧に熟知していなければなりません。店長とは、そういう存在です。

ＰＡの向上心は捨てたものではありません。入口を突破すると、さらに難度の高い次のステージに進もうとします。鍛えがいのある人たちなのです。この向上心を刺激し続けることが、店長の最大の仕事です。店長は作業の完全習熟者でなければなりませんが、作業に没頭していてはいけません。店長の仕事は、トレーナーを育てることなのですから。

上位のＰＡが新人のトレーナーになる

そうは言っても、ＰＡはいろいろな事情で店を去っていきます。そういう流動的な人たちに対して、個別に教育・訓練をし続けることは徒労でないか。こう考える人もいらっしゃるでしょう。これは外食業、レストラン・ビジネスの永遠のテーマでありますが、その対策は「ＰＡをトレーナーに仕立て上げること」に尽きます。

ＰＡの大半は、トレーニーです。つまり、教育・訓練を受ける側にいる人たちです。しかし、教わって自分の身に付けた技術については、新人のＰＡに教えることができます。その部分については、トレーナーになれるということです。

ベテランのＰＡを新人担当のトレーナーにすることで、店長の仕事がかなり軽減されます。トレーナーになったＰＡは、新人に教えることで、自分の作業の習熟度合いを確認することができます。「わかっていたつもりだったけれど、中途半端だったな」。こう反省することで、自分の技術に磨きがかかります。また、人に教えることで、仕事のおもしろさが一段と増すものです。

しかし、ＰＡの誰もがトレーナーになれるわけではありません。自分ではできても人には教えられない、もしくは苦手だという人もいます。こういう資質のない人に、無理にトレーナーの仕事をさせると、本人も新人も両方とも店を去ってしまうことになりかねません。その見極めが大切です。

こういうＰＡトレーナーの層が厚いのがマクドナルドですね。スイングマネジャーというのが、それです。ＰＡのもっとも秀《ひい》でた技術の持ち主です。マクドナルドのサービスが均質を保てているのも、このスイングマネジャーのレベルが高く、層が厚いからです。今やそれがだいぶあやしくはなりましたが……。

サービスマニュアルは不要だ、それよりも心のこもったサービスを教えることのほうが大事だ、ということを言う人がいますが、間違っています。サービスマニュアルは、言ってみれば製品の取扱説明書（トリセツ）です。カメラにしても、パソコンにしても、あったほうがいいに決まっています。感動的な写真を撮ってやろうと意気込むカメラマンも、初めて手にするカメラなら〝トリセツ〟をじっくり読んで、操作方法を身に付けるはずです。そしてすぐに〝トリセツ〟が必要でない段階に入ります。

サービスマニュアルもまったく同じです。入門書として必要なのです。そして一日も早く、それが必要でない自分になっていかなければなりません。サービスマニュアルは乗り越えていくものでなければなりません。一方、調理マニュアルは、絶対厳守です。乗り越えるものではありません。

成功セオリー 28

働く人全員が「多能工」であれ！キッチンとフロアの「壁」を取り除こう

利益が出ない「4過剰」

外食業は本質的に製造業ですから、製造部門である厨房が心臓部であることは言うまでもないですし、厨房の能力が店の実力を決めると言っても過言ではありません。厨房には普通、プロの料理人がいて、この料理人の技能（修業で身につけた技）が商品の質を決めてしまいます。心臓部のもっとも大事な存在です。

ところが大事にし過ぎて厨房を〝ブラックボックス〟化してしまうケースがあまりに多いのです。「製造部門はすべておまかせします。いっさい口をはさみません」という態度をとって、手も足も出せなくなってしまう経営者は少なくありません。こういった店で、繁盛が持続し、しかもしっかりと利益が出ていることは、ほぼ皆無《かいむ》でしょう。これは断言できます。

まず、厨房の設計をプロの料理人だけにまかせてはいけません。

①調理スペースが過剰になりやすい＝客席スペースが過少になりやすい
②調理機器が過剰になりやすい
③投資額が過剰になりやすい
④厨房人員が過剰になりやすい

この〝4過剰〟が必ず発生します。たとえ繁盛したとしても、非常に利益が出にくい状況です。飛行機をつくるときに、設計をパイロットにまかせますか？　まかせたら、あれも必要、これも必要となり、機内スペースの半分がコックピットになってしまいます。もちろん参考意見として、パイロットにいろいろ聞くことはありますが、彼らの設計でイノベーションを起こせるはずはないのです。

厨房とフロアの壁を取り払う

厨房を完全に料理人まかせにする……この無謀を平然とやっているのが、外食業の大部分なのです。これも、経営者が商品と調理についてあまりにも無知であることが原因です。無知から来る〝恐怖〟が、自らの手で厨房をブラックボックスにしてしまっているのです。まずは厨房との壁の仕切りを取り払うことです。もちろんハードとしての仕切りではありません。意識としての仕切りです。

厨房を、「プロ以外立ち入り禁止」の場所にしてはいけないのです。料理人もフロアの人間も、お互いが抵抗なく厨房とフロアを行き来できる環境（店の雰囲気）をつくらなければなりません。そのためには、両者がサービスと調理を怖がらないことです。オーナーシェフは平気でフロアに出てお客さまに接しているではありませんか。なぜ雇われ人のプロ料理人はそれができないのか。できないはずはないのです。

一方、フロア担当が厨房に入れる条件はひとつ。前述したように、足手まといにならないことです。つまり、基本の調理技術を身に付けることです。これに対しては、プロの料理人たちからの反発があるかもしれませんが、「うちの方針です」と言って断固はねつけなければなりません。ベーシックな調理ができる人間を立ち入り禁止にする理由はないはずです。

外食業は労働集約型で、基本的に生産性が上がりづらいビジネスです。これを乗り越えるためには、働く人全員を多能工化するしかないのです。ひとつの部門だけを担当する単能工のままでは、生産性の競争に勝てません。何でもできること。何をするのも厭《いと》わないこと。この風土が店に根付いていることこそが、勝ち抜く条件のひとつになります。

少人数でピークをこなせるのが、一流の料理人

キッチンは「少数精鋭」で「スピード提供」できること、これが命です。これが実

現できていないと、どんなに高度な料理を出していても、儲かる店にはなりません。

まず、キッチンがコンパクトであること。キッチンが大きいと、必要人数も増えます。一人の調理人がいくつもの作業を同時に行えるように設計されていないと、利益を生むキッチンにはなりません。

「キッチンは大きめにつくって、繁忙時に人を補充して山場を乗り切るべきだ」と主張する人がいますが、間違いです。

オーナーシェフの小型の店などは、キッチンは旦那さん、フロアは奥さんの2人だけで切り盛りしているではありませんか。その形が基本です。この場合、旦那さんも奥さんもすぐれた〝多能工〟でなければ、山場を乗り切ることはできません。

3人での仕事が通常のキッチンに、繁忙期に1人加えて4人で仕事をしたとします。そうすると、4人が常態となってしまい、3人体制に戻せなくなります。仕事とはそういうものです。半端料理人でも1人増やすと、それが常態となってその人間なしにはキッチンが回せなくなってしまうのです。

働く人全員が「多能工」になろう

一流の料理人の条件は何かと聞かれれば、私は「少数のチームで、より多くのお客に、クイックに料理を提供できること」を第一に挙げます。短時間に多くのお客さまをこなした経験を持たない料理人は、絶対に一流にはなれません。これ以上は無理という限界を突破したとき、ひとつ次元の高い技能が身に付きます。超多忙の経験が技と運動力を鍛えるものなのです。

開店前の準備力で勝負はついている

料理のスピード提供を可能にするものは、プレパレーション（準備）、つまり下ごしらえです。

だだっ広いキッチンで人ばかり多い店でよく見かける光景は、ピーク時に下ごしらえを一生懸命やっている姿です。「今、その仕事をやっていちゃダメでしょ」というような作業を黙々とやっている料理人が多いのに驚かされます。

完璧なプレパレーション、これは繁盛店の第一要件です。これを実現するには、先述したように、まず調理作業の「腑分《ふわ》け」が行われていなければなりません。開店前にやる作業は何なのか、開店してからやるべき作業は何か。そして、その順番は。誰がいつ何をやるのか。このスケジューリングができあがっていなければなりません。そして、この「腑分け」で驚かされることは、開店前にやるべき作業の多さです。「勝負は開店前にすでについている」と言い換えてもよいかもしれません。

そうしますと、単純な下ごしらえ作業だけをするパート・アルバイトを雇ってもいいことになります。その人たちは、開店前に作業を終わらせて、営業開始時間には「お先に」と言って、店を出ることになるかもしれません。

しかし、これも先述しましたが、プレパレーションを「やり過ぎる」ことはあってはならないことです。

注文が来てからやらなければならない作業を厳密に規定しておかないと、とんでもなく劣化した料理が出てしまいます。これはとても危険なことです。効率を追い過ぎると、店の評判を落としてしまう典型的な例です。

いずれにせよ、メニューの品目別に「今日何皿売れるか」の正確な予測がなければ、プレパレーションはできず、何もよい方向に動きません。そして、この正確な予測を持たないで営業に突入している店があまりに多いのが現状です。毎日が想定外の連続。コワいことです。

成功セオリー
29

〝強い店長〟は客数を伸ばし、客単価も上げる

小さな動き、数字の変化を注視しよう

「戦争のことは兵士に聞け」という格言があります。大将軍が「われわれは大勝利を収めつつある」と、大ボラを吹いても、参謀が「作戦は成功裡に終わりつつある」と報告しても、戦況をいちばん知っているのは、戦場で戦っている兵士です。どんな景気のよい情報が飛び交っていようとも、「この戦《いくさ》は敗色濃厚だな」くらい兵士は肌で感じることができます。

外食業もまったく同じですね。「戦況」をいちばん知っているのは、店長を含めた従業員（パート・アルバイト含む）です。店長が店主であれば、「戦況」は店主がつ

かめますが、店主が現場を離れると途端に「戦況」がわからなくなります。そして、打つ手が狂ってきます。たとえば、ひとつの店の店主だったときには大繁盛を謳歌していたのに、もうひとつ店を出したら坂道をすべり落ちるように客数が減っていく。こういう例が後を絶ちません。

店主が1店で頑張っているのと、2店を経営するのとでは、難易度に天と地ほどの開きがあります。どんな猛将であっても、2つの戦場の指揮をとって、いずれも勝利させよと言われたら「それはちょっと」とひるむこと必定《ひつじょう》です。先述したように、複数店管理はそれくらい難しいことなのです。少しでも正確な情報を把握するためには、小さな動き、変化も見逃さないことです。はっきり言うと、まかせた店の店長の言葉を、信用し過ぎないことです。

店を訪れたときに、パート・アルバイト（PA）が生き生き働いていて元気ならば、まず問題ありません。店長一人がカラ元気で、あとは暗い顔でのっそり働いているなんて状態だったら、転落はすでに始まっています。その兆候は、まずPAの定着率に表れます。離職率が上がって、ワークシフト作成に四苦八苦。こんな店で繁盛店はありません。忙し過ぎて辞めていくPAは案外少ないのです。キチッと訓練されたPAならば、程度の差はありますが、忙しくなるほど働き甲斐を感じるものです。

また、客数が減り始めているのに、原価率、人件費率が下がって、むしろ利益は増大している店。これも危険な兆候です。前にも書きましたが、外食業は瞬間的に原価や人件費を下げやすいビジネスです。利益優先主義でいくと、この店の店長は「よくやっている」ということになりますが、とんでもない判断です。繰り返しますが、評価の唯一の基準は「客数」。客数を増やした結果、売り上げと利益を伸ばしているのがいい店長なのです。

客単価が下がっているのは、来店客の不満が増えている証拠

もうひとつ、店長が休みの日に店へ行ってみましょう。そこで惨状をさらけ出して

いたら、どんなに頑張っている店長でも、その人を評価してはいけません。

その店長は、店長がいちばんやらなければならない仕事をやっていないのです。店長の最大の仕事は、スタッフの訓練・育成です。店舗運営に必要なスキルを与えることです。それだけではありません。トレーナーを育てることです。自らスキルを身に付けているだけではなく、そのスキルを他の社員やＰＡに注入できる人物を育てること。これが店長の最大の仕事です。その人物が時間帯責任者として、さらには全時間責任者として、店長の休みの日をまかされることになります。「いる日」と「いない日」の差がありすぎる店の店長は、失格です。「店長がいない日」のほうが元気で、評判がいいというのは、もっと問題ですが……。

客単価が下がっているのも赤信号です。注文皿数が減っているのは、サービスのレベルが落ちている証拠です。中間バッシングが遅れたり、テーブルに通う数が減ると、客単価は落ちます。「ビールをもう一杯おかわりしたいな」と思っているお客さまも、それに気が付いてくれてテーブルまで来てもらわなければ、「ま、いっか」で注文を止めてしまいます。外食業のサービスは、気付きがとても大切です。気付きが注文数を増やし、客単価を上げるのです。その〝気付き力〟を身に付けさせるのも、店長の訓練・育成力の高さにかかっています。

売り上げをつくる〝強い店長〟は客数も伸ばし、かつ客単価も上げます。客単価が異常に跳ね上がることはあってはなりませんが、メニューの注文数やビールのおかわりが増えるという形で、ジワジワと客単価が上がるのは、お客さまがサービスに満足している証拠です。

成功セオリー30

「ストコン」(店舗視察)を怠ると、店の進化が止まってしまう

店に立てこもるから店の寿命が縮まってしまう

ストア・コンパリゾン(store comparison)という言葉があります。直訳すると「店舗比較」。業界では略して「ストコン」などと呼んでいます。要するに、競合店や新手の繁盛店、新機軸店などを見て回ることですね。自分の店が進化し続けるために、時代遅れにならないために、この「ストコン」は定期的に行わなければなりません。

日々の営業で手いっぱいで、「他所《よそ》の店なんて見る暇はないよ」などという店主(店長)がいますが、そんなことだから店はジリ貧になるのです。四六時中、店に張り付きっ放しで、すっかり情報過疎に陥《おちい》り、お客さまよりも外食業界の動向を知らない人

間になってしまう。料理はつくれても世の中の動きから完全に取り残されてしまう。その料理も刻々と時代遅れになっていく。そんな業界人があまりに多いのです。また、「ストコン」の費用は、当然社費ですが、その金を惜しむようでは、店に未来はありません。また、そのための利益も出ていないような店ならば、閉店したほうがよいかもしれません。

店主（店長）以下、店の仲間が連れ立って、集中的に店をまわるわけですから、食べる量は半端ではありません。ひとつのテーブルで、ああでもないこうでもない、と論議をするのですから、4〜5人のグループが最適でしょうね。そして1回に回る店の数、これも注文するメニューの量にもよりますが、やはり4〜5店が限界です。注文するメニュー数はケチってはいけません。

最初の1〜2店は目いっぱい注文できても、すぐに満腹になって、後半は注文してもほとんど手も付けずに残してしまう、ということがままあります。最初のスケジュールの立て方がいい加減だと、ストコンが時間と金のムダ使いになってしまいます。コツは、店と店との間に「歩き」を入れることですね。これでだいぶ腹がこなれます。間に商業施設やショッピングセンターを入れて、その視察も兼ねる、というのも有効な方法ですね。

「否定」から入ると、何も学べない

収穫の多い「ストコン」になるための原則を書いておきましょう。

①大まかにテーマを決めておく

大まかでいいのです。ハンバーグの比較食べ歩きをする、サイドメニューの参考例を探す、アルコールの新しい売り方を見つける、競争店の値付けチェック、といったメニュー関連が中心テーマになりますが、キッチン内の作業と労働環境のチェック、フロアの作業動線とサービス内容の確認といった、オペレーション関連がテーマになることもあります。しかし、テーマを限定的に決めすぎていると、そのことしか目（口）

に入らず、副産物の収穫が得られなくなります。目も口も「広角」にしておかなければなりません。

②事前のデータを集めておく

インターネットを使えば、相当くわしい店の情報が集まる時代です。メニュー内容と価格ばかりではなく、店の雰囲気、店舗レイアウト、調理レベルなど、たいていのことがわかります。その情報を基に、店全体のフィギュア（像）をつかんでおかなければなりません。昼、夜の客単価がいくらになるか。月商はどれくらいになるのか。原価率、人件費率は。売れている理由。これくらいの予想は出しておかなければなりません。立地の特性をつかんでおくことも、大切なことです。

③「まずい」と言わないこと

どこの店に行っても、「まずい」を連発する人がいます。トップが「まずい」と言ったら、部下は「いや、うまいですよ」と言えなくなります。どういうわけか「うまい」と言う人よりも「まずい」と言う人の方が、味覚がすぐれている人と思われるのですね。不思議です。とくに、料理人は自分の「舌」を誇示するために、「まずい」と言いがちです。だれかが「まずい」と発したとたんに、その店のリサーチは、すべてムダになってしまいます。せっかく訪店したのだから、その店のよいところを発見するようにしなければ、時間と金をかけた意味がなくなってしまいます。「まずい」は禁句。これを徹底しましょう。

④なるべく店内、店外をウロウロすること

店に迷惑をかけない範囲でウロウロしましょう。席に座っているだけでは見えるものが見えてきません。トイレは必ず全員が行くべきです。トイレのクレンリネスこそが、その店の営業力と従業員のモラールのバロメータです。他の来店客のテーブルも回るべきです。何を食べているのか、酒の注文の度合いは、客層は。ウロウロすることで、得られる情報は少なくありません。それに、店の記憶が鮮明になりますし、何が特徴なのかがはっきりわかります。ただし、写真撮影は禁物です。店に迷惑をかけますが、何よりもお客さまが不快に思います。商品写真やテーブルまわりの写真を撮ることはかまいませんが、店内写真は厳禁です。

時間を変えて、曜日を変えて、繰り返し訪店しよう

訪れる店は、一度行っただけで全部わかったような気になってはいけません。「木を見て森を見ず」ではありませんが、その店のある一面を知ったというだけのことです。興味がわいた店、学ぶべきものがたくさんある店には、何度でも足を運ばなければなりません。訪問するたびに新しい発見をするはずです。また、その店が支店を持っていたり、チェーン店であったりしたら、別の店にも行くべきです。支店やチェーン店は、ある経営方針・理念で貫かれています。また、「クセ」があります。それらを体感（経験）することが大事なのです。

昼と夜、あるいは21時以降と、異なる時間帯に行く。また、平日、休日と、曜日を変えて行く。これも大事です。その店のゴールデンタイムに行くのは当然のことで

すが、それ以外の時間にどのような営業をしているのか。メニュー内容は？　人員配置は？　なぜ繁盛しているのか、そこから見えてくるものがたくさんあります。たとえば、夜が営業の主流の店のランチメニュー。夜の主食材をうまく利用したメニューをつくっていたり、仕込みのきくメニューにより最少人員で店をまわしていたり、提供スピードを早めていたり、学ぶべきことが満載です。

ストア・コンパリゾンというと、メニューの中身ばかりに関心が向かいがちですが、メニューは経営の一部です。いくらすばらしいメニューであっても、立地、店づくり、サービスの内容、提供方法、他のメニューとの組み合わせ、価格がジャストフィットしていなければ、その価値は十分に発揮されません。そのトータルの要素を、ストア・コンパリゾンでつかまなければなりません。

店の周辺を歩くことも、絶対に必要です。立地こそが業態のカナメだからです。その店が成立している（繁盛している）理由が、立地を精査することで見えてきます。昼と夜とで、あるいは平日と土・日で、立地特性は驚くほど変わります。周辺エリアを歩き抜くことで、外食業でもっとも大切な土地勘というものが養われます。つまり、商売をやっていい場所と、やってはいけない場所との区別がつくようになります。

外食店の立ち上げで失敗する最大の要因は、立地の選定の失敗です。やってはいけない場所に店を出しているのです。

成功セオリー

31

従業員第一主義が、顧客主義につながる

サービスの「型」をひとつひとつマスターさせていく

日頃、「お客さま第一主義」などと思ってはいませんか。とんでもない考え違いです。「従業員がいちばん大事」。こう考えなければ、店はもちません。

「もっときちんとしたサービスをしなさい」「なんでお客さまに気配りができないんだ」と、四六時中、店主が従業員を叱りつけている店は、ろくな店ではありません。働く人はすっかり萎縮してしまって、ピリピリしています。その空気が店に広がっていて、嫌な緊張感に満ちています。「なんか居心地悪い店だな」という店は、たいていコレです。従業員が、生き生きと、伸び伸びと働いている店は、それが伝播《でんぱ》してお

客さまがリラックスしています。こういう状態ではじめて、食事って楽しめるものですよね。

ただし、十分な訓練が施《ほどこ》されている、という条件が付きます。それは、気配りとかサービスとかいった漠然としたものではなく、個々の作業が完璧になるまで、とことんトレーナーから訓練を受けていなければなりません。

それは、茶道や華道の手ほどきと同じです。ひとつひとつの型を学び、その型の完全な習熟者になっていなければなりません。その型の積み重ねが、訓練ということです。そして、完全な作業の習熟者になった時にはじめて、生き生き、伸び伸びとサービスを遂行することができるのです。つまり、前提としてマスターすべき型がなければなりません。そして、型のトレーニング方法が確立されていなければなりません。ひとつひとつの作業が、「個別に」です。

「心のこもっていないマニュアルサービスはいけない」とよく言われますが、これも間違いです。マニュアルは、「型」の入門書であり、ある段階に達するための手引書です。あったほうがいいに決まっています。このことは前に述べました。ただし、それをマスターして、さらにその上の段階に進まなければなりません。マニュアルはできるだけ早くマスターして、乗り越えて、伸び伸び生き生きと働ける領域に入っていかなければなりません。

店の宝は、教え上手のトレーナー

型がなく、型をマスターするための手引書もなく、ただ「心のこもったサービス」とか、「気配り」とか言っていることが、どれだけ危険なことかがおわかりでしょう。どんなにガミガミ言っても、型のマスターができていないのですから、従業員はどう動いていいのかわからず、ただとまどうばかりです。

では、その訓練方法とは?

これも前述しましたが、トレーナー自らが「やってみせる」ことが前提です。そしてマスターできたときは「褒める」。ここが大事です。厳しいけれども、やさしさがあふれていなければなりません。このやさしさこそが、従業員第一主義の基本であります。このやさしさがあれば、どれほど厳しく教えても、辞めるものではありません。技をマスターして、ステップアップしたいという気持ちは、誰もが持っています。辞めるのは、何も教えないからです。十分な訓練もせずに、ガミガミ言われたら、たまったものではありません。

トレーナーになる資質ですが、これは天性のものがあります。同じレベルの作業習熟者であっても、教え上手、教え下手がいます。ツボをはずさず、キチッと教えられて、辛抱強く、なおかつやさしい。そして褒め上手。こういう人こそ天性のトレーナーです。なかなかいませんから、こういう能力の持ち主は、とりわけ大切にしなければなりません。

また、まだトレーニーの段階（つまり教育訓練中）の従業員にも、教え上手がいます。この人も、自分が習ってマスターした作業については、新人に教えられるわけで

成功セオリー㉛

従業員第一主義が、顧客主義につながる

すから、トレーナーとして活用するべきです。トレーナーの卵ですね。

未熟な従業員も、現場でサービスをしなければなりません。ですが、注文を取り間違えたり、別のテーブルに料理を運んでしまったり、初歩的なミスが後を絶ちません。お客さまに文句を言われているところに、店主や上司から頭ごなしにガミガミ言われたら、どうなるでしょう。パニックです。何を言われても頭に入りません。こんな時こそ、「ドンマイ」です。「ノープロブレム」です。このひと言が、従業員を極度の緊張から解放することになるのです。もっとも、当のお客さまの前で言ったら、お客さまの怒りは倍化してしまいますから、言う場所とタイミングが大事です。どうフォローに入るかで、店主・上司のやさしさと真剣さの度合いが表われます。

従業員第一主義が結局、お客さま第一主義につながっていくのです。

成功セオリー 32

コンビニにできることは、やるな

コンビニがどんどん外食店化している

郊外のロードサイドの話から始めます。最近、郊外を車で走っていて、「アレ?」と思うことはありませんか。ひとつは、ファミリーレストランの新店が出なくなったことです。パタッと出店が止まりました。もうひとつは、広い敷地のコンビニが増えたこと。

実は、この2つの現象は密接につながっているのです。両者ともに出店に必要な坪数は400~600坪。最近の郊外コンビニにいたっては、1000坪近い大スペースを取ることすらあります。駐車台数と売り上げが連動することは、データ上わかっていますから、思いきり広い敷地を確保します。

コンビニの郊外大型店は、日商100万円以上を売る店も少なくありませんから、家賃の支払い能力が高いのです。このため、ファミリーレストランは、欲しい立地があっても、コンビニグループに持っていかれることが多いのです。コンビニは、郊外店に限らず飲食店化しています。サンドイッチがあって、弁当があって、サラダがあって、デザートがあって、ドーナツがあって、フレッシュコーヒーマシンが設置されているのですから、たいていの食事は、店内か車のなかでできてしまいます。

全国6万店近くあるコンビニが、いっせいに飲食店化している（売り上げの60％以上が食品）のですから、外食業に与える影響は激甚《げきじん》です。外食市場がコンビニに浸食されている。これが食ビジネス領域の、最近の最大の動きです。コンビニの商品開発力を侮《あなど》ってはいけません。

逆に郊外のロードサイドで増えてきた外食店は、小型の専門店です。うどんの「丸亀製麺」（これは中型ですが）、ラーメンの「幸楽苑」、とんかつの「かつや」「松のや」、天ぷらの「てんや」や「さん天」、唐揚げの「からやま」などがその例です。とんかつ、天ぷら店などは、敷地が250～300坪あれば成立します。ひと昔前のコンビニ郊外店の規模ですが、先述したように、コンビニは大型店化するために引っ越しをしていますから、この規模の物件は出やすくなっています。そして、小型専門店は、月商は600万円を売れば、十分に利益が出ます。これらの小型専門店グループが、郊外の新しい主役になりつつあります。

とんかつ、天ぷらは、ニーズがあるのに家では調理されなくなった

これらの小型チェーンの中でも、とんかつ店、天ぷら店は注目です。この2つの店の共通点は、コンビニが逆立ちしても提供できない商品を持っていることです。揚げたてでアツアツのとんかつに天ぷら。確かにコンビニでは出せません。両者の共通の特徴は、家庭での調理放棄が進んでいること。とんかつも天ぷらも、昔はお母さん自

らが揚げてくれて、夕食のメインのおかずになったものです。しかし今や、「家で揚げ物をする」ということが少なくなりました。

それでは食べなくなったのかというと、そんなことはありません。食べたいけれども、家庭ではつくられなくなっただけです。潜在的な市場は十分にあります。今までは、スーパーのそうざい売場がこの需要を満たしていたのですが、できたて、揚げたてという点では、外食は優位に立てます。

先のとんかつ・天ぷらチェーンが郊外で勢いがいい理由は、これまでスーパーが持っていたお客さまを奪い取ったからなのです。ですから「かつや」も「てんや」も「さん天」も、皆テイクアウト比率が高い（売り上げの30％以上）のが特徴です。晩のメインのおかずに買っていくわけですね。いわゆるホームミールです。どの店も16〜18時にテイクアウトのお客さまが殺到します。テイクアウトで30％以上を売れたら、収益性の高い商売ができますよね。以上のことから、次のような教訓が導き出されます。

まず第一の教訓が、「コンビニにできることはやるな」です。これは郊外に限った

成功セオリー32
コンビニにできることは、やるな

ことではありません。町の中心部でも同じことが言えます。これから外食として生きるにあたっての最大の鉄則です。おいしいすしも、コンビニでは提供できませんよね。すしは外食市場だけでも、1兆7000億円もある市場ですから、コンビニグループは主力商品のひとつに入れようと、鋭意努力中です。ですが、できたての鮮度のいいすしを提供することは、なかなかできません。

第2の教訓が、「家庭の主婦が調理放棄した領域を狙え」です。とんかつも、天ぷらも、食べたいニーズは十分にあるのですが、つくることが少なくなったのです。こういう商品は、何か別のもので代替《だいたい》してガマンをしています（たとえばスーパーの揚げ物）。そしてその商品に不満が蓄積しています。そこを衝《つ》くことです。不満のカゲに巨大な市場アリ、これも肝に銘じておかなければなりません。

できたてのアツアツのものを提供する。熱いものと冷たいものを組み合わせる。こういったことは外食店でしかできないことです。やはり、店舗調理がカナメということになります。外食にしかできないことのみを追求しようではありませんか。

成功セオリー 33

年を取ると「卒業」されてしまう商売は、危険がいっぱい

なかなか「卒業」されない商売に目を付けよう

息の長い商売をしたいとは、外食業に携《たずさ》わった人ならば誰もが思うことですが、これが至難のワザであります。これは小規模店、個人店だけではなく、チェーングループを見ても、商売替えをコロコロと繰り返して、あるいは同じ店名でも中身を絶えず変えて、企業として長生きをしようと努めます。はやり商売も「ピークはせいぜい3年」と言われますしね。

消えてしまう理由は様々ですが、店の営業に特別の問題がなくても、お客さまが年とともにどんどん「卒業」していってしまう、ということがあります。ある年齢に達

すると、〝卒業生〟として出て行ってしまう。商売を始めるにあたって、この「卒業」をいつも念頭に置かなければなりません。

たとえば、牛丼は、15歳で「入学」して、45歳で「卒業」です。それ以後も利用することはあっても、かなり頻度は落ちます。また牛丼チェーンでは、女性客も徐々に増えてはいますが、比率はまだ低いです。はじめから女性客の入学者の少ない商売なのです。

マクドナルドはどうでしょうか。一度卒業して、子供ができると再入学します。しかしハンバーガーの卒業年齢は40歳です。だから新入生の獲得には必死です。子供の勧誘、子どもの心をくすぐる販促にはことのほか熱心ですね。絶えず小さな入学者を入れないと、総客数はどんどん先細りしてしまうからです。ピザなんかもそうですね。基本的に若者の食べ物です。年を取ると、喫食頻度が落ちる食べ物です。

逆に、なかなか卒業しない食べ物といったらなんでしょうか。すしはその最右翼です。高齢者にとって最大のごちそうはすしで、これは不動です。うどんもそばも卒業しません。高カロリーのものだってありますよ。とんかつ、カツ丼、天ぷら、天丼がそれです。カロリー的には若者の食べ物ですが、どっこい年を取っても卒業しません。これらの商売は、和食のジャンルに組み込まれている強さもあるでしょう。

「何屋をやるのか」「どこでやるのか」「いくらでやるのか」

繰り返しになりますが、商売をはじめる時、この「卒業」を常に念頭に入れておかなければなりません。

フレンチの修業をしたからフランス料理屋を始める。このことを疑わない人がいますが、フランス料理の総客数は、外食全体の割合からすると小さなものです。それに年を取ると、利用回数は激減します。フランス料理に突き進まないで、洋食屋という考えをなぜ持たないのでしょう。技術はほぼ重なりますし、客層の幅は広いし、高齢化にも強い。むしろ、これからブームになります。

日本料理を修業した人も同じです。親方と同じ高級日本料理店をやるんだ、と意気込む人がいますが、そもそも高級日本料理店を自分で持てる人が、何人いるでしょうか。親方の店は、立地の強さで接待客をしっかりつかんでいるから成り立っているのではないですか。日本料理の技術を身に付けているのであれば、カウンター割烹ができます。居酒屋はお手のものです。とんかつ店、天ぷら店もできます。守備範囲は広いのです。

「そんな大衆的な店をやるために、苦しい修業を積んだんじゃない」と怒る人がいたら、その人は考え違いをしています。修業の分野にこだわらず、より多くのお客さまがいて、来店頻度が高く、そしてそのお客さまの数が減らない領域に身を置くのが賢明な選択です。そのほうが成功する確率がより高い。そして、長寿店になります。つまり、お金の入りようが違います。

初志を貫徹したいのであれば、まずはもっとお客さまの数の多い領域のビジネスで成功してから挑戦しても、遅くはないのではないでしょうか。いちばん愚かなのは、

成功セオリー㉝

「卒業」される商売は危険

先述の日本料理でいえば、親方と同じ商売を、同じ価格で、まったく別の立地でやることです。親方は、銀座で、あるいは青山でやったから、接待族もつかめて成功したのかもしれません。同じ商売を、世田谷でやっても、練馬でやっても成功する確率は低いでしょう。いや、渋谷、目黒でも難しいでしょう。そこには狙うお客はほとんどいないからです。

独立して成功するためには、いつも、「何屋をやるか」「どこでやるか」「いくらでやるか」を考えていなければなりません。そして基本的に、同じ商売でも価格の低いところに厚い市場が横たわっています。下の方がお客さまの数が絶対的に多いのです。そして、当たり前の話ですが、下に行くほど自腹客比率が高まります。

何もわざわざお客さまの少ないところで商売をする必要はないではありませんか。

成功セオリー

34

1店の超繁盛が多店舗化の出発点になる

まずは50皿以上売れる一品を持つこと

店数を増やして、売り上げも大きくしたい。誰でも考えることです。あわよくば、100店舗、200店舗規模のチェーンにしたい。これも多くの店主（経営者）が夢想しますが、成功することはまれです。

全国に広がる大チェーンも始めは1店だったのですから、夢想することは自由ですが、現在の店が大繁盛していないのに大チェーンを考えても、そんな夢は実現するはずがありません。

とにかく、1店をメチャクチャに繁盛させること。これを多店舗化、チェーン化の

成功セオリー㉞
チェーンの出発も1店の繁盛店から

出発点としなければなりません。そして、メチャクチャに繁盛している店の看板メニューが、これまたメチャクチャに売れていなければなりません。目安として、単品で1日50皿以上を売ることが条件です。多店舗化の起爆力は、あくまでも一品の商品力であることを肝に銘じておくことです。

商品力とは、高品質・独自性・価格力、この3つの要素の組み合わせです。マクドナルドのチーズバーガーや牛丼チェーンの牛丼、サイゼリヤのミラノ風ドリアなど、何でもいい、大チェーンの主力商品を思い浮かべていただきたい。この3要素がきっちりと押さえられていることがわかります。他の追随を許さないものを持っています。

独自性というと、現在この世にないものを…と考えてしまいがちですが、そんなものはもう存在しません。すべての商品は出尽くしてしまっています。その出尽くした商品群の中から、独創性のある商品を生み出すことこそが、メチャクチャ売れる商品開発です。価格、食材の組み合わせ、量などで、切り口を変えてみることです。

老舗・専門店の看板メニューを六掛けで売ることを目指そう

アイデアの宝庫は、繁盛している老舗と専門店。天ぷら、うなぎ、すし、そば、カレーでもハンバーグでもいい。彼らの店の看板メニューを六掛けで出せないものか、と考えてみることです。長年磨き込まれてきた商品でありますから、中身については折紙つきです。ただし、価格が高いためにお客の数を増やせないでいるケースが多い。彼らの商品を、基本的に質を変えないで六掛けにする。この難題をクリアできれば、超繁盛は間違いありません。

「そんなこと無理に決まっている」と思ったら、そこで負けです。トレードオフ（大事なものを残し、特化させて、捨てる部分は捨てる）の考えを徹底させれば、必ず実現できます。よく売れて、よく儲かる商品が生まれるものです。発想を切り替えれば、六掛けも実現不可能ではありません。

成功セオリー 35

超・高利益店だけが多店舗化を許される

メチャクチャ儲かる店しか多店舗化してはならない

店舗数が増えると自然にチェーンになると考えている人がいますが、まったく間違っています。チェーンになるためには、なるための経営原理とセオリーというものがあるのです。儲かったら2号店、3号店を出したいと考えるのは人情ですが、たいていの経営者はここでつまずきます。

多店舗化の基本原則の第一は、最初の店がメチャクチャ儲かっていなくてはなりません。売り上げの15％以上が利益でなければなりません。メチャクチャ売れているけど利益はチョボチョボ。これで多店舗化に踏み切ったら、地獄を見ることになります。

ただ立地がいいだけで売れている店もありますし、原価率60％だから売れている店もあります。また、すごい腕を持った料理人を高給で雇っていることが人気の秘密であることもあります。

こういう特殊要因を2号店、3号店につないでいける訳がありませんから、多店舗化は絶対に禁物です。一方、メチャクチャ売れてメチャクチャ儲かっている店。これは多店舗化できますが、なぜ売れているのか、その理由を冷静に分析していかないと失敗します。

まず、前章に述べたように、看板メニューがメチャクチャ売れていなければなりません。

次にこの看板商品が高利益商品であること。「売れ筋」は、「儲け筋」でなければいけないということは前にも書きました。そんな強い商品を持っていれば、チェーンになれる可能性があります。ただし、そう簡単に真似されない独自性も持っていなければなりません。特殊な商品ということではありませんよ。ポピュラーな商品でありながら、食材の組み合わせが複雑で、味が奥深くて、独自の味を持つ商品になっている。そして、値頃をしっかり押さえている。そういう実質性を持っているかどうかがポイントです。

次に、立地の普遍性を持っていなければなりません。特殊な場所だから売れるという店であってはなりません。よくありますよね。飲み屋街、繁華街の中のラーメン店や餃子店、たこ焼き店など、深夜でもお客さまが絶えない店。でも、その特殊な場所から取り出してみると、ごくごくありふれた店であることが多いのです。こんな店を多店舗化したら大やけどを負います。

2号店は歩いて行ける距離に出す

さて、多店舗化にあたって心しておかなければならないことは、店数が増えるにしたがって利益率は落ちるということです。本部費、採用費、教育費、メニュー開発費、販促費と出費がかさみ、どんどん利益が出づらくなります。それだからこそ、最初の店が儲かる店でなければならないのです。

また、次の店を別業態でやる人がいますが、愚かなことです。せっかく宝の山にたどり着いたのに、今までの苦労が水の泡になるではありませんか。次の店でも「今の店」をやるべきです。「今の店」の強い部分をさらに強くして、その〝進化系〟を出すべきです。そして、2号店は1号店の「増床」という意識で出すべきでしょう。具体的には、店主が歩いていける距離に出すことです。だいたい繁盛店というものは店主の不眠不休の頑張りによって生まれるもの。2号店、3号店までは、店主がかけずり回って、全営業時間、しっかりにらみをきかしておかなければなりません。

ここがチェーングループの展開と違うところで、単独繁盛店の第2号店は、近接出店が成功率が高いものです。

東京で言うと、新宿で成功したから赤坂へ、あるいは渋谷へ、池袋へ。これでは失敗します。多店舗化の初期段階では人も育っていませんから、店主不在の状況をなる

成功セオリー㉟

多店化できるのは、高利益店

べく少なくすることが、成功への第一歩です。同じ町の離れたところに「店を拡張したのだ」、という気持ちで次の店を出すべきです。

近接ですから当然、1号店のお客さまが2号店へ流れ、1号店の客数は減ります。しかし、それでも両店が利益を出せていなければなりません。1号店のお客さまが少々減っても、十分すぎるくらいの利益が出ていなければなりません。1号店がしっかり儲かる店でなければならない理由はここにもあります。

しかし、一度減った客数がジワジワと元に戻るようにならなければなりません。そして、2店ともお客さまがあふれるような繁盛店になっていくことです。それだけのパワフルな潜在能力を1号店が持っている必要があるということです。2号店は、基本的に、同じ商品を出していても、オペレーションは落ち、パワーダウンするものですから、そのパワーダウンを最小限にするために、店主が頻繁に店に行ける「近場に出す」。これが多店化成功の第一歩です。

売れていても利益が出ていない店の場合、利益はだんだん出るようになるだろうという考えは危険です。利益が出ていない店はいくら頑張っても利益は出ません。この場合は、もう一度ゼロからフォーマットを組み立て直さなければなりません。それから、アルコールの売り上げ比率が高すぎる店。これも多店舗化は危険です。アルコールが売れる立地は、限られているからです。価格（安さ）で売れている場合はすぐに真似されますし、立地で売れている場合は、特殊立地依存商売ですから、立地が変われば繁盛は保証されません。

2号店のつまずきは、必ず1号店の繁盛もだめにします。立地には細心の吟味が求められます。

成功セオリー

36

「重症度」のランキングをつけること

「行くべき店」の優先順位をつけよう

読者の中には店舗を複数経営している人もいるでしょう。なかには、10店以上持っている、という経営者もいると思います。また、今は1店しか持っていないが、将来は大チェーンに仕立て上げたいと考えている人もいるはずです。

ここでは、複数店舗を管理するうえでの原則の話をします。まず、各店には必ず一人の店長がいなければなりません。これも前述しましたが、一人の店長に複数店をまかせている経営者がいますが、必ず失敗します。

さて、複数店経営の原則ですが、全店を均等に目配りするのは現実に不可能ですし、また効果も上がりません。たとえば、あなたが7店を経営していたとします。週1回1店ずつ行けば均等に回れるな、と考えるのは間違いです。問題がある店には集中的に出向いて行かなければなりません。時には経営者は特定の1店に張り付く覚悟が必要です。

問題がない店なんてあるわけがないのですが、各店で「深刻度」が違います。問題が軽度の店は後回しにして、〝集中治療室〟に入れなければならない重症の店の立て直しを最優先することです。まず「重症度」によって優先順位をつけて、〝完全治癒〟への難度が高い店の治療に専念しなければなりません。訪店の優先順位をつけること。それこそが複数店舗管理の原則です。

よい店にはたまに顔を出して店長を褒める

「重症度」の順位の付け方は、次の通りです。

「重症度」のランキングをつける

①ＱＳＣ（クオリティ、サービス、クレンリネス）のレベルが極度に低い店（本来、開店してはいけない状態の店）
②新人店長の店
③新任店長の店
④パート・アルバイト（ＰＡ）の離職率がハネあがっている店
⑤客数の落ち込みが激しい店
⑥人件費、原価など、数字が激変している店
⑦クレームが激増している店
⑧競合状況、立地が変化している店

①と②は、経営者自らが張り付くべき店です。新人店長だからＱＳＣがメチャクチャになっているということは、しばしばありますから、①と②は連動している、と言ってもいいでしょう。新人店長とは名ばかりで、実態は店長候補者に過ぎません。こういう人を一から教え込んで一人前の店長にするのが経営者の務めです。そして、この

期間に、経営者の思想・理念もしっかり叩き込まなければなりません。

③の新任店長ですが、これまでとは別の店に赴任《ふにん》した店長ということです。新任店長は、店の特徴も、PAの採用状況も、周辺競合状況もわかっていません。その人に、どういう店なのか、いちばんの問題は何なのか、を教え込まなければなりません。これまでの店とは違うやり方でアプローチしなければならないことを、教えなければいけないのです。

④と⑤も連動しています。PAの離職率がハネ上がっている店は、必ず客数が減っていきます。店長のマネジメントに問題アリ、ということですが、現店長ではなく前任者に問題があった、ということもあります。前任者がメチャクチャにして去っていった、ということもあるのです。

⑦のクレーム激増も、その原因が前任者にあった、ということもあり得ますから、まずはその解明が必要になります。ここの見極めが大事です。

褒めていけない数字もある

⑥の数字の変化ですが、「人件費が下がった」「原価が下がった」など、これらも問題なのです。人件費が下がったということは、人手不足で適切なサービスがなされていない可能性があります。原価率ダウンは、適切なポーションで提供されていなかったり、本来廃棄しなければならないものまで売ってしまっていることが原因で、起こっていることも多いのです。

このように、人件費や原価率が降下して、いっとき利益が妙に出ている店。これは最大限の警戒が必要です。間違っても店長を褒めたりしてはいけません。本来の価値が提供されていなかったり、お客さまの店舗体験を破壊していたりで、出してはならない利益を出しているケースが多く、客数の急落が起こること必定《ひつじょう》なのですから。

⑧は意外にも経営者が把握できていないことがあります。店長も立地変化や競合店の出現を知らないことがあります。情報をこまめに取って、先手先手で対策を立て

ていかなければなりません。立地と競合状況の変化は、場合によっては、閉店しなければならないこともあります。

以上、まんべんなく均等に店を回ることの危《あや》うさ、愚かさがわかると思います。業績好調な店にだって問題がないわけではありませんが、とりあえず目をつぶって、たまに出かけて店長を褒めてあげればいいのです。「褒める」ことが人をいちばん成長させます。

成功セオリー 37

売り上げも利益も上がる、「社員のれん分け」に真剣に取り組もう

赤字店を譲り渡してはいけない

成功者は創業期に死にもの狂いで働きます。どの世界でも同じです。8時間労働、8時間睡眠を守って成功した創業者なんていません。

外食業はもともと仕込みには時間がかかるし、営業時間も長いしで、創業期には死にもの狂いで働かなければ成功はおぼつきません。外食の大手で、第二・第三の成功コンセプトが生まれづらいのも、新しいビジネスの成功に向けて寝食を忘れて働く「社内起業家」が少ないからです。たとえ本人は寝る間を惜しんで働きたい、というガッツがあっても、社員である以上、労働基準法の範囲内で仕事をさせなければなりませ

ん。成功者が出る環境ではないのです。これは、外食に限ったことではありませんね。

日本には「のれん分け」というすばらしい制度があります。外食業は、この制度をもっと活用すべきです。経営者が見込みありと見込んだ従業員を、どんどん独立させるのです。複数店舗を経営していて、フランチャイズを考えている経営者ならば、社員フランチャイズという形で独立させるのがよいでしょう。調理や店舗運営を熟知していることが独立の条件ですが、そのほかに一定の貯金があること、人を使うのがうまいこと、将来複数店の運営ができる（マネジメント）能力を持っていること。これらも、合格の条件になります。

もうひとつ、同一店名で経営をするのですから、店のコンセプトから離れるような勝手な行動をとられてはかないません。約束を守ること、契約を遵守《じゅんしゅ》できること、も条件になるでしょう。いくばくかの貯金はあっても、自己資金で新しい店を出させることは困難ですから、既存の複数店のひとつを譲る形になります。営業店ですから一定の実績があります。そのため独立した社員は、その実績をスタートラインとして出発することができます。

経営者が絶対にやってはならないことは、赤字店を社員に譲ることです。利益が出ている店を譲ること。これは「社員のれん分け」成功の鉄則です。

来店客数がみるみる上がってコストが急降下する

社員が1店をまかされて経営者になったとたん、目の色が変わります。長時間を厭《いと》わず働きはじめます。働いた分が自分の収入アップにつながるのですから、必死さが違います。いくら長時間働こうとも、自分が経営者なのですから、労働基準法に触れることはありません。社員時代よりももっと、お客さまの声に耳を傾けます。商品のチェックも厳しくなって品質が上がります。提供時間も早くなります。誰に言われなくても店舗のクレンリネスにも最大の関心が払われます。基本は社員時代と同じことをやっているのですが、店主になったとたん、やる気、情熱、気配りが一気に増大するのです。店には活気がみなぎり、日一日とお客さまの数が増大していきます。

ところがそれだけではありません。無駄な経費を使わないようになります。まずは人件費が減ります。人手の手薄な時間は、社員独立した店主自らががんばります。身体はきつくてもその分、自分の実入りが増えるのですから我慢できます。

さらに、ロス退治に熱心になり、食材費が下がります。店の修理・メンテナンスを社員時代は専門業者に依頼していたものが、内注、つまり自分でやるようになります。よほどの厨房機器の故障が起きない限り、すべてDo It Yourself! です。家賃ばかりはどうしようもありませんが、それ以外の経費は劇的に下がります。利益の劇的な増大が実現されるのです。

そうなると店主の収入が増えるばかりではありません。会社ものれん分けの店から一定のロイヤリティをもらうわけですから、その収入も増大します。一般に、チェーンでも直営店とフランチャイズ店とでは、利益率がフランチャイズ店のほうが高いのはこのためです。店主のコスト意識が全然違うのです。のれん分けで店をやらせてみると、経営者の資質が見えてきます。「できる人」と「できない人」が鮮明になるのです。「できる人」にはもっと店をやらせて、さらに経営者の器を大きくさせます。その中で傑出した人物がいれば、自店の店舗運営をやってもらいながら会社の役員として迎え入れればいいのです。ダブル・インカムになりますね。アメリカの外食チェーンでは、最終的にそうやって本社の社長の地位に就く例がいくつもあります。軒先を貸した人が母屋の主人になった形ですが、それで母屋の屋台骨が磐石《ばんじゃく》になるのであれば、それにこしたことはないではありませんか。

成功セオリー 38

商品知識と極限の営業経験が、成功経営者を生む

商品を知り抜いていない経営者は、時代から取り残される

「商品を知り尽くしていること」「極限の営業を経験していること」。この2つが、成功する外食経営者の基本条件です。これが40年以上にわたって外食の経営者と会い、彼らの話をとことん聞いてきた経験を持つ私がくだす、ひとつの結論です。

まず「商品」について。

看板商品のレベルを上げていくことが、外食業界で生き残っていくための条件ですが、そのためには核商品並びに周辺商品の知識を持たなければなりません。調理技術がまったくなくても成功している経営者はいますが、その人のそばには必ず調理と

成功セオリー㊳
極限の営業経験が大事

商品開発のプロ中のプロがピッタリと寄り添っています。その人は、単に調理技術を身に付けているばかりではなく、技術を論理的に説明できなければなりません。料理は「技術の組み合わせ」「温度」「時間」で構成されていますが、なぜこの時に、この技術が注入されなければならないのか、そのプロセスを明快に経営者に説明できなければなりません。また、経営者にはその説明を理解する能力がなければなりません。その能力があればこそ、集中化（食材の一次加工）、調理工程の単純化という形で、味のレベルを下げずに、多店舗経営へのシステム構築もできるようになるのです。

それから、経営者は料理全般について、広範な知識と知識欲を持っていなければなりません。とくに、自分の店よりも客単価が高く、上位業態に位置する他店のメニューの試食（視察）を積極的に行っていなければなりません。ビジネスチャンスは、上位業態の価格を引き下げることによってもたらされることが大半ですから、その対象たる上位の店舗群がどのようなレベルの商品を提供しているかを、常に熱いまなざしで注視し続けていなければならないのです。

また、新しいトレンドも上位業態から起こることが多いものです。そのトレンドをつかんでいないと、自分の店はアッと言う間に時代から取り残されてしまいます。他店のチェックや、試食する力が失われたなと思ったら、経営者は経営から一歩退くべきでしょう。

極限の営業が、店の欠陥を次々に浮かび上がらせる

次に「極限の営業」について。

外食業の特徴は、店舗で調理し、サービスをする、というところにあります。はなはだ変な業種であり、ゆえに店舗での人件費がやたらにかかります。だからといって、ここを単純化し過ぎてしまうと、外食業の強さが失われてしまい、コンビニや食品スーパーなどの食品小売業に負けてしまいます。また、放っておくと人件費は膨れ上がって、利益は吹き飛んでしまいます。これを回避するためには、前述のように働く人を

成功セオリー㊳

極限の営業経験が大事

「多能工化」して、少数精鋭の部隊をつくり上げねばなりません。

その部隊はどうすればできるでしょうか。それは「極限の営業」です。戦力は実戦によってのみ鍛えられます。実際の営業で、何度も何度も極限を経験させること以外、少数精鋭部隊は生まれません。パンク寸前までフル稼働させることです。

ホテルの料理人が鍛えられるのは、宴会があるからです。大勢のお客さまへ同時に次々と料理を提供していかなければなりません。これは、周到な準備と日頃のスキルの鍛練、役割分担と一糸乱れぬ統率によって、はじめて実現されます。

個店で鍛えられる「場」は、繁盛（客数）です。繁盛が極限の営業を生み、それがもう一段高い営業力の具備《ぐび》につながるのです。料理人でも、一度にお客さまが殺到した「修羅場」の経験を持たない人は、ひと皮むけません。隠居仕事でやるならばともかく、「一日一客」とか気取ったことを言っている店では、腕のいい料理人は生まれない、ということです。

前述したように、経営者は料理人である必要はありませんが、常に現場に密着して、意識的に極限の営業を現出させせなければなりません。極限の営業は、店の欠陥を次々に表面化させます。集中化やプレパレーション（準備）の不足、キッチンレイアウトの致命的な設計ミス、キッチン設備の不足、キッチンとサービスの〝つなぎ〟の悪さや両者のレベルの不一致、料理一品一品のスタンダード確認の不徹底、統率力の欠如、と改善テーマが次から次へと出てきます。

これらをひとつひとつ改善することによって、営業力がもう一段高まるのです。それこそが、利益を生む営業力であります。店の調理場から「上がった」経営者も、定期的に現場に張り付いてみてください。時間帯別にやるべき作業、やってはいけない作業が混在していることに、まず驚かされることでしょう。そして、新人、未熟練作業者がいかに全体のオペレーションレベルを停頓《ていとん》させているか。このことにも驚くことでしょう。オペレーションをじっくり観察して、「このままではうちはつぶれる」という危機感を持ち続けた経営者だけが、成功の道を歩むことになるのです。

成功セオリー
39

退店のやり方で経営者の器、人間の質があぶり出される

従業員と、お客さまと、取引業者を裏切らないこと

「立つ鳥跡を濁さず」と言いますが、外食グループの退店の仕方は、実に乱暴であることが多いのです。「あとは野となれ山となれ」が大半。しかし、退店の仕方に、店主の品性と器量が表れるものです。立地が悪かったので退店、家賃が払い切れずに退店、従業員が集まらなかったので退店、強いライバルが出てきたので退店、商売に飽きてしまったので退店。退店の理由はネガティブなものが少なくないのですが、夜逃げ同然というのがあまりにも多すぎます。

実は退店の作法はとても大事なのです。退店の仕方がまずい人は、新しい店、新し

成功セオリー39
正しい退店の仕方

いビジネスを始めても、たいてい失敗します。生き方の姿勢そのものが間違っているのですから。退店の要諦は、評判を落とさずに、いかにきれいに粛々《しゅくしゅく》と撤退するか、にあります。店長まかせの退店などは、もってのほかです。社を挙げて臨まなければなりません。

評判を落とさないと言いました。この評判には、

①お客さまの評判
②従業員の評判
③取引関係者の評判
④大家さんの評判

の4つがあります。

①の「お客さまの評判」ですが、「あっ、消えちゃった」では困ります。まず、ていねいな事前告知が行われていなければなりません。別の場所で再オープンということもあるのですから、名を汚すような乱暴な退店は絶対にしてはいけません。いちど

ついた汚名はどこに逃げてもついて回ります。

②の「従業員の評判」、これがいちばん大事かもしれません。退店が決まると、従業員を減らしたり、食材費を削ったりと、少しでもコストを切り詰めようとします。放っておけば士気も下がりますし、不平不満が店に満ちあふれます。商品もサービスも劣化するのですから、従業員のみならず、お客さまの評判も落とします。そして退店を告知したとたん、客足は一気に落ちます。退店期間に入っても、いちばん大事なことは商品とサービスのレベルを下げないことです。最後の日まで、あるべき形をキチッと守る。これが大原則でなければなりません。

悪い評判を背負って新規巻き直しはできない

従業員の身の振り方も大事です。退店ですから、職を失うケースも出てきます。別の店への再配置が原則ですが、それができない場合、次の就職先の面倒を見るとか、独立の手助けをするとか、できるだけ力を貸さなければなりません。

たとえ閉店で別れ別れになろうとも、敵として去っていくのか、味方として去っていくのかで、店主の再起の条件は大きく変わります。ここそが正念場で、退店を決めた店主の器量が問われるところです。「自分のことよりも、従業員の未来が大事」と考える店主にこそ、再起の道が開かれます。
③に関して、取引関係者とのトラブルは、大方が踏み倒しです。なかでもいちばん被害を受けるのが、食品流通の卸問屋です。彼らは与信をとって、事前に被害を受けないようにしますが、それでも踏み倒されるケースは少なくありません。悪質なお客(店の経営者)の中には、閉店の直前に大量の食材を注文して、それを持ってドロンということをします。
同じような被害者としては、広告媒体関係者がいます。経営不調に店主が、大量の広告を活用して最後の悪あがきをするケースです。それで客数が戻れば「めっけもの」であり、戻らなければ支払いをしないで夜逃げ。これも後を絶ちません。広告が

急に増えたら要注意。これは広告業界の合言葉です。食品の卸も広告も、横のつながりが強い業界ですから、〝UG（Unwelcomed Guest＝歓迎すべからざるお客）情報〟はすぐに業界内に広がります。再起しようとしても、だれも助けてくれません。

④は大家さんとのトラブル。敷金の返還や、原状回復義務を巡ってのトラブルで、これもよくあることです。大家さん同士の情報交換は極めて密です。ひとりの大家さんにUGのレッテルを貼られると、その情報は不動産業者を通じてまたたく間に広がります。その後、別のところで店を借りようとしても、「NO」の答えが返ってきます。

「跡を濁す」経営者に未来はない、と考えておくべきでしょう。退店というのは本来、新規巻き直しです。引っ越しであれ、商売替えであれ、未来への第一歩を踏み出す、ということにほかなりません。新しい第一歩を踏み出すときに、「悪い評判」という、背負わなくていい重荷を背負う必然性は何もありません。

人間として間違ったことはしない。これは大原則です。経営不振で閉店を余儀なくされて、閉店前日の営業終了後、従業員とお客さまがサプライズの「お祝い（お礼）」

をしてくれて、号泣した経営者を私は知っています。従業員ひとりひとりをとても大事にする素敵な経営者でした。今は再起を果たし、昔の仲間とともに、新しい店を順調に経営しています。

あとがき

京都では、チェーン店のことをすべてひっくるめて「外資系」と呼ぶようです。マクドナルドやケンタッキーフライドチキン、スターバックスを「外資系」と呼ぶのはわかりますが、それらのみならず、モスバーガー、ガスト、サイゼリヤ、吉野家といった「国産」のチェーンもひっくるめて「外資系」らしい。

外から来たという点では、チェーンならばどれも同じという考えらしい。京都という町の閉鎖性をよく物語っている話ですが、それならば京都出身のチェーン、餃子の王将はどうなるのか。京都の友人に聞くと、やはり「外資系」のようです。

地元生まれでも、同じ店名で拡大をしているチェーンは、すべて「外資系」になるらしいのです。

ここには、個店対チェーンの対立も見てとれます。

京都は外食業に限らず個店が強い町ですが、それだけにチェーンというものに対する反発心、敵愾《てきがい》心は旺盛です。

同じ外食でも、チェーンに対しては、全然違う商売をやっている、と考えているフシがあります。

この考えは、京都のような排他的な町でとくに顕著ですが、程度の差こそあれ、日本全国に共通するものです。そして、チェーンが生まれ始めた1970年代から、両者の対立は連綿として続いています。

個店はチェーングループに押され気味ですが、それだけに、反発心、敵愾心は一層根深いものになっています。

同じ飲食商売をやっているのに、「これっておかしくない?」と、私は常々考え続けてきました。

私が本書を書いた動機はここにあります。もっと仲良くして、お互いがいいところ、自分の弱いところを認めて、切磋琢磨《せっさたくま》して、ともに強くなったほうがよろしいのではないか。

私の見る限り、外食業経営のノウハウはチェーングループに集積されつつあり、こちらのほうが科学的です。一方、個店は相変わらず無手勝流であり、経験主義的であることが多い。

立地の取り方、看板の付け方、客席レイアウト、パート・アルバイトの採用・訓練の仕方、商品をいかに同質化してクイックに提供するか、メニュー構成、値付け、利益の出し方、挙げればきりがありませんが、チェーンは長い経験を通じて、外食業の成功の法則をつかんでいることは確かです。

このままでいくと、経営力の差がさらに広がり、個店グループはますます追い詰められていくことになるぞ、と私は強い危機感を持っています。

というのは、多種多様の優れた個店が次々と生まれ、まったく新しい需要を掘り起こし、絶えざる創造をやってくれないと、外食全体が衰亡していく、と私は考えているからです。

時には思い付きと思われる個店の出現が、外食の新しい時代の門戸を開いてきた事実を、私たちは何度も目撃してきました。

外食の新しい地平を切り開いてきたのは、むしろ個店グループなのです。

だから、チェーングループは、個店グループが生み出す新業態、そのマーケット掘削力《くっさくりょく》に常に熱いまなざしを送っています。そして、それを何とか新しいチェーンフォーマットに仕立てあげられないものか、と心を砕《くだ》いています。

この新しいものを生み出す個店の力がないと、チェーンも衰退していってしまいます。そのことをチェーン自身がいちばんよく知っているのです。

しかし個店グループは、チェーンが蓄積した成功のノウハウを十分に吸収しているとは言えません。

個店がチェーンから学ぶ姿勢がもう少し強くなったら、個店グループの存在感はもっと高まるのではないでしょうか。

では、チェーングループは十分にノウハウの蓄積があって磐石《ばんじゃく》なのかというと、これがまたそうでもないのです。

チェーングループもまたしばしば過ちを犯します。チェーングループの欠点（弱点）は、利益に弱いというところです。利益を追い過ぎて、お客さまに価値を提供できなくなる、という「癖」があります。「それをやっちゃ、お客に背を向かれるでしょ」というようなことを、しばしばやっています。

利益を追い過ぎると利益が逃げていく、と言われますが、それをやってしまうのです。

これと共通することですが、チェーンは面倒くさいことをやりたがりません。できるだけ単純化して、店を回しやすくしようとします。このことでもしばしば価値を失います。

こういうときに、面倒くさいことをしっかりやって、原価率もたっぷりかけ、これでもかというほどの価値を提供して大繁盛を手にしている個店が、チェーングループの大いなる反省材料になります。繁盛個店がチェーンの欠陥や過ちを映す鏡の役割を果たしているのです。

それだけに個店の繁盛店がたくさんあることが、チェーンにとっても大事なのです。同じ外食業なのだから、成功するための基本は同じです。一方、チェーンがやってはいけないこと、個店がやっていけないことは、それぞれ存在するのです。

私は、そういう両者の重なるところと異なるところに目を配りつつ、両者の強さを確認しながら本書を書きました。反目するのではなく、お互いの違いと学ぶところを認めつつ手を取り合って、それぞれが高め合っていけるようになればいいなあ、といつも思い続けながら本書を書いてきました。

チェーングループにとっても、個店にとっても「なるほど役に立った」と思われる本になればいいな、というのが私の望みであります。

２０１８年2月

神山　泉

本書は、ウェブサイト「ぐるなびＰＲＯ　ｆｏｒ　飲食店」に連載した
「神山泉の繁盛の黄金律」をもとに大幅に加筆し再構成したものです。

神山 泉（かみやま いずみ）

外食経営雑誌『フードビズ』主幹。株式会社エフビー代表取締役。1947年生まれ。1972年早稲田大学法学部卒業後、株式会社柴田書店入社。2002年7月株式会社エフビーを設立し、翌1月『フードビズ』を創刊。雑誌編集者として50年近く日本の外食業界をつぶさに取材。草創期から現在に至る日本外食産業史の生き証人である。『フードビズ』の執筆や講演において展開する外食業への論評・提言は、外食経営者の指針となるものとして高い評価を得ている。著書に『直言 よみがえれ！日本の外食』（エフビー）がある。

外食業・究極の成功セオリー

2018年2月28日 第1刷発行
2019年10月31日 第2刷発行

著　者　神山　泉
発行者　野本信夫
発行所　株式会社エフビー
〒102-0071　東京都千代田区富士見2-6-10-302
電話 03-3262-3522　FAX 03-5226-0630
e-mail　books@f-biz.com
URL　http://f-biz.com/
振替00150-0-574561
印刷・製本所　株式会社 暁印刷
ブックデザイン　安藤葉子（COMO）

ISBN　978-4-903458-14-4

FB出版の外食経営書

すかいらーく創業者が伝える
「売れて」「喜ばれて」「儲かる」

外食業　成功の鉄則

きわむ元気塾 塾長　横川 竟 著

「外食にしかできない豊かさ」を提供しよう。最盛期、4400店以上のレストランチェーン、すかいらーくの創業者が本書で訴えるのは、低価格路線でも、コンビニに象徴される利便性追求型でもなく、安全でよい素材を使い、プロの技術をもって、おいしい料理を提供する、外食本来の姿に立ち返ろうということです。このことで、縮む市場にあっても、外食独自の魅力をお客さまに訴え、成功することができるのです。日本の外食を牽引してきた横川竟氏が後進に伝える外食経営の奥義がぎっしり詰まっています。